COUPE DU MONDE DE RUGBY

LA RÉTRO **DEPUIS 1987**

Auteurs : Philippe Kallenbrunn et Grégory Letort
Maquette intérieure / Production / Correction : Oval Lab

PHILIPPE KALLENBRUNN
GRÉGORY LETORT

COUPE DU MONDE DE RUGBY

LA RÉTRO **DEPUIS 1987**

COUPE DU MONDE
RUGBY
FRANCE 2023

PRÉFACE

LA NAISSANCE D'UN RÊVE

Philippe Sella
Centre de l'équipe de France de 1982 à 1995
(111 SÉLECTIONS)

« La Coupe du Monde de Rugby est une magnifique fabrique à souvenirs. Tous les quatre ans, tu en crées de nouveaux. »

LONGTEMPS, les rugbymen que nous étions rêvaient par procuration : amoureux de tous les sports, nous avions bien sûr les yeux ouverts sur ce qu'il se passait autour de nous et voyions les athlètes d'autres disciplines se préparer pour des Coupes du Monde. Nous avions à l'horizon le Tournoi des V Nations, une épreuve historique fabuleuse à disputer, mais cela ne nous empêchait pas de rêver de participer, nous aussi, à une aventure mondiale. Nous l'espérions, sans savoir si ce rêve deviendrait un jour réalité.

Et puis, des dirigeants internationaux se sont accordés pour innover et faire naître la Coupe du Monde de Rugby en 1987. Pour tous les joueurs, ce fut une grande joie. Enfin, nous allions pouvoir nous rencontrer dans une compétition planétaire. Et avec les coéquipiers, se découvrir dans un autre environnement : d'abord à travers la préparation avec des stages partout en France – un premier pas vers le professionnalisme à l'époque du rugby amateur –, puis au fil d'une épreuve bien plus longue qu'une tournée…

Chargé des relations publiques pour un partenaire de la Fédération française de rugby (FFR), j'avais pu être libéré pour y prendre part. D'autres se sont organisés grâce au soutien de leur famille, comme notre talonneur Daniel Dubroca qui était agriculteur. Certains, malgré tout, n'ont pu vivre l'événement en raison de leurs obligations professionnelles, tel Jérôme Gallion qui ne pouvait pas laisser les patients de son cabinet dentaire…

C'était du bonheur d'être là, de faire partie de cette équipe de France avec Jacques Fouroux, un sélectionneur aussi charismatique que fédérateur. Nous étions des privilégiés, des pionniers. J'ai savouré tous les moments au milieu de ce groupe né dans les années 1980 et qui a grandi au fil des ans.

Pour nous, tout a commencé contre l'Écosse, à Christchurch. Nous avions vécu une longue préparation et fourni d'immenses efforts pour en arriver là. Match nul avec un essai salvateur de Serge Blanco. La suite ne fut pas un long fleuve tranquille. Pas de plus beau symbole que cette demi-finale contre l'Australie, juste magnifique avec ce dernier essai de Serge, point final d'un match intemporel.

Ensuite, perdre en finale contre la Nouvelle-Zélande fut une déception immense, même si nous étions fiers de notre parcours. Nous avions dans l'idée que c'était possible de battre les All Blacks, mais il n'y a pas eu photo. Nous avons manqué d'oxygène ce jour-là. Et aussi compris quelque chose : la Coupe du Monde de Rugby est une magnifique fabrique à souvenirs. Tous les quatre ans, tu en crées de nouveaux.

En 1991, ce fut plus difficile avec une élimination contre l'Angleterre en quart de finale. En même temps, nous avons senti l'engouement grandissant pour cette compétition. En 1995, en Afrique du Sud, cela s'est confirmé avec des stades pleins. Nous sommes passés très près là-bas aussi : c'est la loi du sport. Puis nous avons gardé en tête l'objectif de podium en prenant notre revanche contre l'Angleterre.

Au fil de mes trois Coupes du Monde de Rugby comme joueur, j'ai senti une évolution. Des nouvelles générations sont arrivées et l'épreuve n'a jamais cessé de croître. Elle a vite grandi, mais bien grandi. Elle a fait comprendre que le rugby est bien un sport universel. Elle est sublimée par l'atmosphère, l'ambiance qui l'entoure et ce même respect entre les joueurs. Du combat et de la loyauté : tout ce que l'on apprend à l'école de rugby.

La Coupe du Monde de Rugby n'en est que le prolongement. J'ai un souvenir extraordinaire pour en témoigner : en 1987, le lendemain de la finale, nous étions dans notre hôtel à Takapuna quand sont arrivés tous les All Blacks pour nous inviter à déjeuner. Rien ne les y obligeait : ils étaient champions du monde. Ils sont pourtant venus nous voir avant de célébrer leur titre dans Auckland. C'est une scène qui illustre les mots de Jean-Pierre Rives sur ce jeu : « Le rugby, c'est un ballon avec des hommes autour. Et quand il n'y a plus le ballon, il reste les hommes. » Et des champions du monde pour l'éternité.

FRENCH FLAIR

« À l'horizon, le Trophée Webb Ellis, en hommage à celui que la légende a propulsé inventeur de ce jeu. »

LE RUGBY EST NÉ en Angleterre, mais la Coupe du Monde de Rugby était bien un rêve tricolore. En 1947, cinquante ans avant qu'elle ne voie officiellement le jour, Alfred Eluère, alors président de la Fédération française de rugby (FFR) laissée exsangue par la deuxième guerre mondiale, met ce projet grandiose sur la table. La France ne siégeant pas encore à l'International Rugby Board (IRB) – ancêtre de World Rugby –, il ne récolte qu'indifférence. Celui qui fut vice-champion olympique de rugby à XV aux Jeux d'Anvers en 1920 était trop en avance sur son temps…

Son idée sera reprise quelques années plus tard par l'un de ses héritiers à la tête de la FFR, Albert Ferrasse. En 1980, si l'incontournable Agenais relance le fantasme, il ne soulève pas davantage l'enthousiasme de l'IRB, arc-bouté sur ses principes, son utopie de sport amateur et cette idée qu'une Coupe du Monde de Rugby sera une porte ouverte vers l'argent roi. Cette idée effraye, laissant supposer des dérives professionnelles. Pour les gardiens du temple, il faut s'entourer d'un cordon sanitaire pour se garder de toute contamination. Le déni des temps modernes ne fait néanmoins pas disparaître la menace. Le serpent de mer prend même de l'ampleur.

En 1983, une tempête se lève : David Lord, un promoteur australien, part à l'assaut de la planète ovale avec l'espoir d'organiser une Coupe du Monde professionnelle. Idée folle et gros carnet de chèques, promettant aux joueurs l'équivalent de 22 000 euros pour une saison… Ce projet a l'effet d'une bombe. À l'automne de cette même année, Ferrasse revient à la charge. Cette fois, le Français est écouté. Notamment par les fédérations australiennes et néo-zélandaises, soucieuses de jouer leur carte. En décembre 1983, Lord jette l'éponge, évoquant la concurrence du Tournoi des V Nations, une presse anglo-saxonne vent debout contre son idée, et même la menace d'un mouvement de grève lancé par les techniciens de la télévision britannique. Mais le conseil d'administration a décidé de maintenir le projet de la Coupe du Monde de Rugby. Il s'agit de garder le contrôle et de ne pas courir le risque d'une fuite des talents.

Le 25 juin 1984, sous l'impulsion de la Fédération australienne de rugby (ARU), l'IRB convoque une réunion exceptionnelle pour protéger le jeu de rugby de « ceux qui veulent créer des cirques sportifs ». On y reparle de l'amateurisme comme vertu cardinale. Mais, très vite, la Fédération internationale de rugby embraye sur la nécessité d'étudier les esquisses des trois projets soumis par la Nouvelle-Zélande, l'Australie et l'obstiné Ferrasse. Prime aux anglophones : une résolution votée demande à l'Australie et à la Nouvelle-Zélande de faire une étude de faisabilité sur une Coupe du Monde de Rugby avec remise de dossier en mars 1985. Les délais sont tenus. Et, le 22 mars 1985, l'état-major de l'IRB réuni à Paris signe après d'âpres négociations, et malgré l'opposition des Irlandais et des Écossais, un protocole d'accord sur la création en 1987 et à titre expérimental d'une Coupe du Monde de Rugby.

Une appellation alors ambiguë : si Ferrasse rêvait d'une phase de qualification permettant aux 93 pays affiliés à l'IRB de s'inviter au tournoi final, cette première édition se dispute sur invitation. Sur la première ligne de départ : les sept puissances siégeant au Conseil de l'IRB, accompagnées de l'Argentine, l'Italie, le Canada, les Tonga, les Fidji, le Japon, la Roumanie, les États-Unis et le Zimbabwe, remplaçant naturel de l'Afrique du Sud qui a décliné, consciente de la crise politique qu'engendrerait sa participation avec sa mise au ban en raison de l'apartheid. L'URSS, en revanche, n'est pas conviée.

À l'horizon, le Trophée Webb Ellis, en hommage à celui que la légende a propulsé inventeur de ce jeu. Un trophée inspiré par un modèle conçu en 1906, qui avait lui-même emprunté ses courbes à l'œuvre d'un célèbre orfèvre, Paul de Lamerie, fils d'un noble français installé à Londres à la fin du XVIIe siècle. Hasard ou non, qu'il soit permis d'y voir autant un petit hommage qu'une promesse : comme si la Coupe du Monde de Rugby à naître serait à jamais indissociable d'un certain… *French Flair*.

SOMMAIRE

19

87

1987 LE TOURNOI

Le talonneur
Mark Cardinal,
auteur du premier
essai de l'histoire
du Canada contre
le XV d'Irlande.

CENT SEIZE ANS après le premier match international de l'histoire entre l'Angleterre et l'Écosse – le 27 mars 1871 –, la première Coupe du Monde de Rugby fait souffler un vent de fraîcheur sur la planète ovale. Une révolution de velours toutefois. Cette grand-messe internationale organisée en Australie et en Nouvelle-Zélande doit servir le jeu, non pas ouvrir la voie au professionnalisme. Résultat, en préambule, elle effectue un rappel de ses règles en lettres d'or : le rugby est un sport amateur.

L'International Rugby Football Board (IRFB) – dont World Rugby est le lointain héritier – fait tout de même preuve de bonne volonté. Et, malgré un budget limité (estimé à 5 millions d'euros), prévoit des gratifications pour tous les joueurs : l'équivalent d'une vingtaine d'euros par jour, incluant les indemnités téléphoniques pour joindre les familles à l'autre bout du monde.

Si tous les frais des équipes sont également pris en charge, les délégations sont cependant informées dès leur arrivée mi-mai : les formations éliminées sont invitées à quitter le pays dans les vingt-quatre heures. Pour les vaincus, pas question de prolonger l'épopée pour assister à la finale programmée le 20 juin 1987 à l'Eden Park d'Auckland. Alors, qui restera jusqu'au bout ?

À JAMAIS LA PREMIÈRE

Seize équipes partent à l'assaut d'un nouveau monde et rivalisent pour conquérir le nouveau Graal de la planète ovale : le Trophée Webb Ellis.

NOUVELLE SÉLECTION

Comme l'Australie, la Nouvelle-Zélande a pour elle de jouer sur son terrain. Pour le reste, elle a dû reconstruire une équipe depuis l'organisation au printemps 1986 d'une tournée dite des Cavaliers, qui a vu tous les joueurs à la fougère de l'époque – excepté le demi de mêlée David Kirk et l'ailier John Kirwan – se rendre en Afrique du Sud pour affronter les Springboks. En plein apartheid, la démarche, qui a heurté l'opinion publique, conduit la fédération néo-zélandaise à suspendre pendant deux matchs tous les Cavaliers. Et donc à rebâtir une nouvelle sélection.

Les nouveaux venus, alors appelés les « Baby Blacks » – surnom désormais utilisé pour les moins de 20 ans –, sont baptisés à la dure : test-match face à la France en juin 1986 à Christchurch (18-9), puis Bledisloe Cup à domicile contre l'Australie (3 matchs du 9 août au 6 septembre) et immense claque avec la première tournée victorieuse des Wallabies en Nouvelle-Zélande depuis… 1949. En novembre 1986, les All Blacks ont rendez-vous en France : vainqueurs à Toulouse (7-19), ils sont martyrisés à Nantes lors de leur dernière rencontre avant la Coupe du Monde de Rugby (16-3). ▶

EN BREF

Pays hôtes : Australie et Nouvelle-Zélande
22 mai – 20 juin 1987
16 équipes
32 matchs joués
448 318 spectateurs au total
Podium : 1. Nouvelle-Zélande / 2. France / 3. Pays de Galles
Meilleur réalisateur : Grant Fox (NZL) : 126 points
Meilleurs marqueurs : Craig Green (NZL) et John Kirwan (NZL) : 6 essais

Les Aussies, eux, sont davantage en confiance avec le gain de la Bledisloe Cup 1986 et un test-match sans l'ombre d'un doute contre la Corée du Sud en mai 1987 (65-18).

Les pays de l'hémisphère nord, de leur côté, arrivent mieux préparés, dans la lancée du Tournoi des Cinq Nations 1987 qui a hissé la France au rang de favorite – aux côtés des pays hôtes – en raison de son Grand Chelem. L'Irlande et l'Écosse, dauphins des Bleus, font figure d'outsiders. Les certitudes sont moins étincelantes pour le pays de Galles et l'Angleterre, en souffrance avec une seule victoire dans l'épreuve européenne annuelle. Pour les Gallois, le mal semble même plus profond : le XV du Poireau n'a plus gagné le Tournoi depuis 1979.

D'entrée de jeu, les nations du Vieux Continent comprennent néanmoins que la Nouvelle-Zélande et l'Australie ne vont pas souffrir d'un manque de rythme…

PETIT AVANTAGE

Le 22 mai, la compétition s'ouvre à l'Eden Park d'Auckland par un festival de la Nouvelle-Zélande devant l'Italie (70-6). Le prélude d'une démonstration de force. Sans rival dans cette poule C, les All Blacks atomisent ensuite les Fidji (74-13) puis l'Argentine (46-15). Dans ce groupe, la seule question est de savoir quelle équipe finira deuxième : les Argentins, favoris, dominent l'Italie (25-16) mais se font piéger par les Fidjiens (9-28) qui, en revanche, passent à côté face aux Azzurri (15-18). Une victoire chacun : la triangulaire bascule au goal-average et envoie les Flying Fijians en quart de finale.

Dans les autres poules, le suspense pour la qualification n'est pas aussi intense. L'affaire prenant à chaque fois des allures de mano à mano avec la première place pour seul enjeu. ▶

L'Irlande du deuxième ligne Neil Francis affronte pour la première fois les Tonga en ce 3 juin 1987.

Dans la poule A, entièrement programmée en Australie, tout se joue lors du premier match qui met aux prises les Anglais et les Aussies à Sydney : les joueurs de l'hémisphère sud, emmenés par le trois-quarts David Campese et l'ouvreur Michael Lynagh, s'imposent 19-6. Les États-Unis et le Japon ne peuvent faire qu'acte de présence. Les Eagles se consolant quand même avec un succès contre les Brave Blossoms (18-21).

Dans la poule B, le sommet est aussi servi lors de la première journée avec le pays de Galles face à l'Irlande : les Dragons sortent vainqueurs (6-13). Le Canada et les Tonga n'ont pas le loisir d'espérer… Les Tongiens encore moins, balayés par les Canucks lors du premier match (37-4).

Enfin, dans la poule D, un autre duel entre deux nations de l'historique Tournoi des Cinq Nations anime la compétition : France-Écosse, là aussi programmé dès le premier match de poule. Pas de vainqueur, pas de vaincu : un match nul (20-20) avec un petit avantage pour la France, qui inscrit ce jour-là trois essais contre deux pour le XV du Chardon, soit la garantie de finir en tête en cas d'égalité après les deux autres confrontations contre le Zimbabwe et la Roumanie. Comme attendu, il n'y a pas match contre ces deux nations mineures – neuf essais contre la Roumanie pour une victoire 55-12, puis treize essais pour s'imposer 70-12 contre le Zimbabwe. La France vire bien en tête à l'issue de la phase de poule.

INVITÉ SURPRISE

Le troisième essai tricolore inscrit contre les Écossais vaut bien de l'or : il permet d'éviter aux Français de croiser les Néo-Zélandais en quart de finale et, à la place, d'affronter les Fidji, invité surprise. Un match présumé facile qui manque de virer à la catastrophe. Face à ces Fidjiens décomplexés et ambitieux, les Bleus sont ballottés

31 mai 1987, l'Italie remporte son premier match de Coupe du Monde de Rugby – contre la sélection fidjienne.

malgré une domination de leurs avants. À la mi-temps, ils ne mènent que 7-16. Juste après une pénalité du demi d'ouverture Guy Laporte, ils sentent même passer le vent du boulet : à la 53e minute, le Fidjien Severo Koroduadua file à l'essai après un contre, mais le numéro dix commet un en-avant sorti de nulle part. Un avertissement qui a au moins le mérite de réveiller les Bleus et leur sens stratégique. En mêlée, ils reprennent le contrôle des opérations et font la différence avec le troisième ligne Laurent Rodriguez pour finalement triompher (16-31).

Pour les Écossais, en revanche, il n'y a pas l'ombre d'un espoir face aux All Blacks. Les statistiques ne sont pas en leur faveur : dix défaites, deux nuls, dont un lors de la dernière confrontation entre les deux nations à Murrayfield (25-25 ; 12 novembre 1983). La treizième opposition ne leur porte pas bonheur : une déroute 30-3 à Christchurch.

Les deux autres quarts de finale se jouent en Australie et opposent l'Angleterre au pays de Galles à Brisbane d'un côté, et l'Australie à l'Irlande à Sydney de l'autre. Le duel entre les deux équipes les moins performantes du dernier Tournoi des Cinq Nations tourne en faveur des Gallois (3-16), comme trois mois plus tôt à l'Arms Park de Cardiff (19-12). Les Irlandais – qui ont, eux, terminé leur Tournoi 1987 par un succès au pays de Galles (11-15) – ne réussissent pas à conserver leur dynamique : ils sont balayés par les Wallabies en dépit de la sortie prématurée – après un plaquage à retardement – de leur maître à jouer, le demi de mêlée Nick Farr-Jones. 24-0 à la mi-temps, 33-15 à la fin après deux essais irlandais dans les dix dernières minutes.

ÉTAT DE GRÂCE

La logique a parlé : tous les premiers de poule se sont imposés pour pointer au rendez-vous ▶

John Kirwan
a illuminé l'édition
1987 avec six
essais inscrits,
dont deux contre
le pays de Galles
en demi-finale.

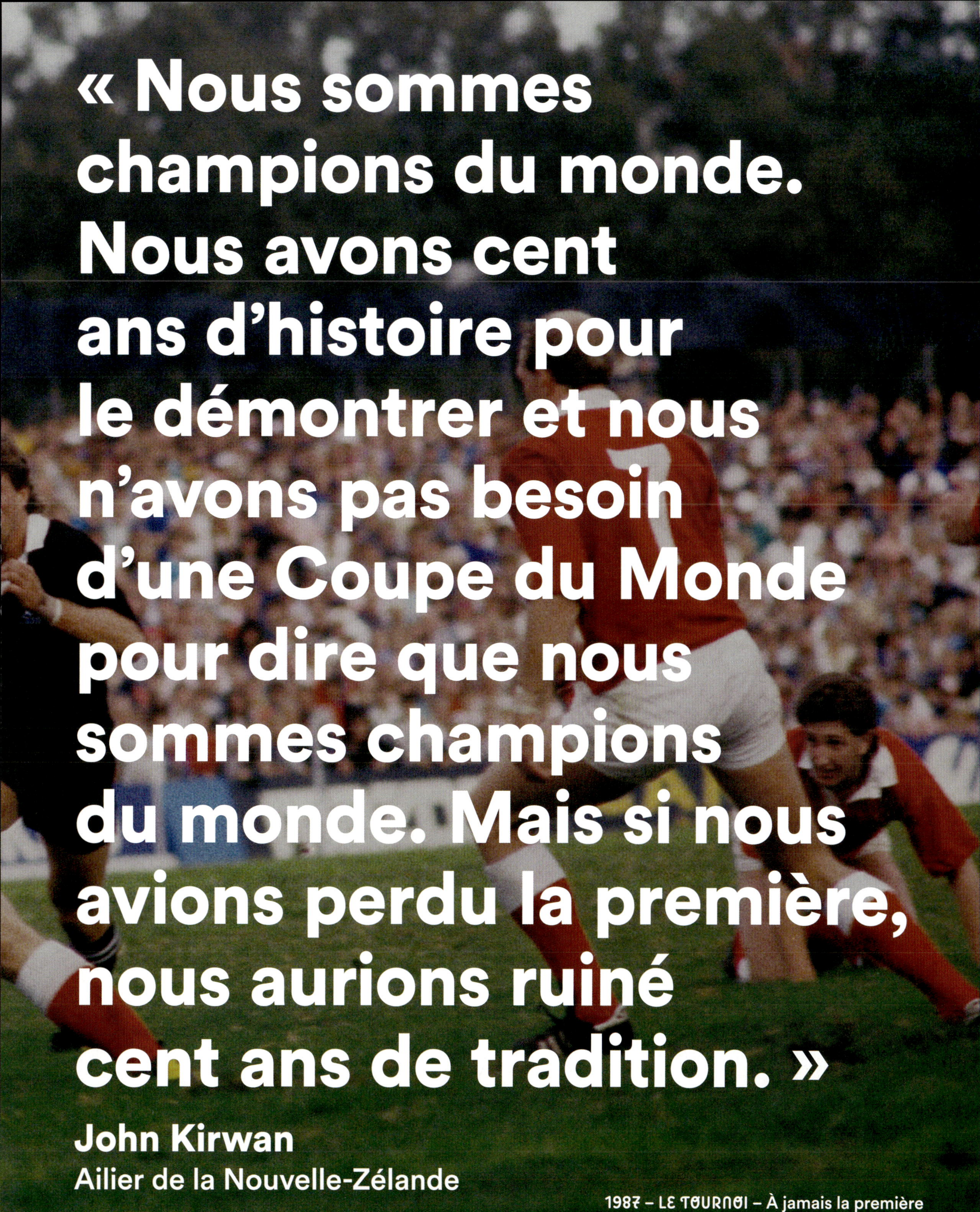

« Nous sommes champions du monde. Nous avons cent ans d'histoire pour le démontrer et nous n'avons pas besoin d'une Coupe du Monde pour dire que nous sommes champions du monde. Mais si nous avions perdu la première, nous aurions ruiné cent ans de tradition. »

John Kirwan
Ailier de la Nouvelle-Zélande

des demi-finales. Un duel entre Nord et Sud dans toute sa splendeur et les deux pays hôtes en terrain favorable : Australie-France se jouera au Concord Oval de Sydney alors que la Nouvelle-Zélande a rendez-vous à Brisbane pour défier le pays de Galles.

Le 13 juin 1987, Tricolores et Aussies sont les premiers à ouvrir le bal *(lire p. 22)*. Promis à l'enfer, les protégés du sélectionneur Jacques Fouroux signent une performance exceptionnelle dans le sillage d'avants phénoménaux et d'un buteur en état de grâce, le numéro quatorze Didier Camberabero. Malmenés, revenus de nulle part, rattrapés puis quasiment condamnés à une défaite cruelle, les Bleus, magnifiques, sont finalement envoyés en finale à la dernière minute par un essai en coin de l'arrière Serge Blanco au bout d'une action folle (24-30)…

Le lendemain, les hommes en noir, eux, ne ratent pas leur rendez-vous avec l'histoire : contre des Gallois qui ont réussi à masquer leurs carences en début de tournoi, ils font parler la loi du plus fort. Une demi-finale comme une formalité : 49-6, huit essais marqués et un tout premier carton rouge sorti en Coupe du Monde de Rugby… pour Huw Richards, deuxième ligne des Dragons. Le XV du Poireau s'en relève quand même en remportant le match pour la troisième place contre des Wallabies sonnés (21-22).

Les All Blacks sont bien de retour pour la finale à l'Eden Park, là où s'est disputé le premier match de cette édition inaugurale. Tous sont partis, il ne reste que les meilleurs : le vainqueur en titre du Tournoi 1987 contre le mythe du rugby. Le monde le comprendra au fil des ans : c'est plus qu'une finale, la naissance d'un duel légendaire dans cette compétition reine. ■

LE JOUEUR

DAVID KIRK
POUR L'ÉTERNITÉ

Juin 1985, le demi de mêlée d'Otago honore enfin contre l'Angleterre sa 1re sélection avec la Nouvelle-Zélande. Il sait ce qu'il veut, mais aussi ce avec quoi il n'entend pas se compromettre : lorsqu'une équipe composée de All Blacks part sous l'appellation des Cavaliers pour une tournée en Afrique du Sud au printemps 1986 en plein apartheid, lui et l'ailier John Kirwan déclinent. Alors, quand la fédération néo-zélandaise inflige deux matchs de suspension aux Cavaliers, il reste à la barre. Sa position aurait pu devenir précaire une fois la faute expiée, pourtant il n'en fut rien : la blessure du talonneur Andy Dalton à la veille du match d'ouverture le propulse même capitaine. Leader, joueur clé, le numéro neuf survole les débats et montre la voie en inscrivant le premier essai en finale. Arcade sourcilière gauche en sang, il peut embrasser le Trophée Webb Ellis. Et, après un ultime match avec les hommes en noir contre les Aussies à Sydney (16-30 ; 25 juillet 1987), mettre fin à sa carrière au haut niveau à 27 ans pour étudier à Oxford : une étoile filante.

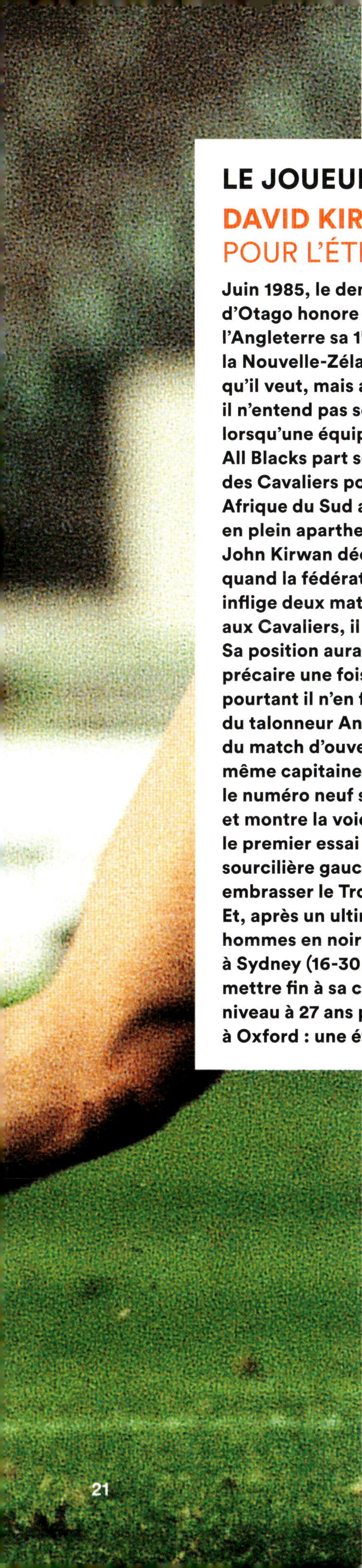

Échappée du capitaine des hommes en noir David Kirk pour aplatir derrière la ligne contre les Fidji.

1

2

LE MATCH

AUSTRALIE-FRANCE

ENVERS ET CONTRE TOUS

Ils ont débarqué dans l'hémisphère sud après un Grand Chelem mais, lors de cette première Coupe du Monde de Rugby, les Français ont eu toutes les peines du monde à rentrer dans la compétition. Après un nul contre l'Écosse (20-20) et un succès inquiétant contre les Fidji (16-31), ils sont promis au supplice contre l'Australie. Et justement, ce scepticisme les a transcendés.

Dans le huis clos qu'ils ont décrété, les Bleus, guidés par leur taulier Pierre Berbizier – numéro neuf – et leur coach Jacques Fouroux, se sont préparés pour livrer un immense combat. Esprit commando, entraînements acharnés où, sur chaque plaquage, les joueurs ne sont pas loin de franchir la ligne rouge, discours visant le cœur : la stratégie est la bonne, le jour du match, les Tricolores sont galvanisés, prêts à tutoyer le sublime. Un supplément d'âme condensé dans le plongeon de Serge Blanco pour envoyer les siens en finale au bout d'un match mythique. « Le match des matchs », dira même l'écrivain Denis Lalanne.

Entre le combat des avants tricolores (1) et l'essai de la victoire de l'arrière Serge Blanco (3), les 16 points au pied de l'ouvreur Michael Lynagh (2) n'ont pas suffi.

3

FEUILLE DE MATCH

Demi-finale
Australie-France
24-30
Samedi 13 juin 1987
Concord Oval (Sydney)

POINTS

Australie

2 essais : David Campese, David Codey
2 transformations : Michael Lynagh
3 pénalités : Michael Lynagh
1 drop : Michael Lynagh

France

4 essais : Alain Lorieux, Philippe Sella, Patrice Lagisquet, Serge Blanco
4 transformations : Didier Camberabero
2 pénalités : Didier Camberabero

COMPOSITION

Australie

15. David Campese, 14. Peter Grigg, 13. Andy Slack (c), 12. Brett Papworth, 11. Matt Burke, 10. Michael Lynagh, 9. Nick Farr-Jones, 8. Troy Coker, 7. Jeff Miller, 6. Simon Poidevin, 5. Bill Campbell, 4. Steve Cutler, 3. Andy McIntyre, 2. Tom Lawton, 1. Cameron Lillicrap
Rempl. : 17. Anthony Herbert, 19. David Codey
Coach : Alan Jones

France

15. Serge Blanco, 14. Didier Camberabero, 13. Philippe Sella, 12. Denis Charvet, 11. Patrice Lagisquet, 10. Franck Mesnel, 9. Pierre Berbizier, 8. Laurent Rodriguez, 7. Dominique Erbani, 6. Éric Champ, 5. Jean Condom, 4. Alain Lorieux, 3. Jean-Pierre Garuet, 2. Daniel Dubroca (c), 1. Pascal Ondarts
Coach : Jacques Fouroux

1987 La Finale

Avec 126 points en 1987, le numéro dix Grant Fox détient toujours le record de points marqués dans une Coupe du Monde de Rugby.

PLUS QU'UNE FINALE. Une revanche. Les joueurs à la fougère en font un moteur. Il s'agit de venger le revers infligé par le XV de France au stade de la Beaujoire de Nantes à l'automne 1986 au bout d'un combat furieux (16-3). Une finale à la dimension sportive, mais aussi géopolitique. Cela ne se ressent pas dans les tribunes et entre les joueurs mais, à l'époque, Paris et Wellington, historiquement fidèles alliés, ont coupé les liens.

Une finale grandiose entre la nation du rugby et la sélection sacrée par un Grand Chelem 1987. Deux équipes en pleine confiance. Les All Blacks ont survolé la compétition et ne craignent pas leurs retrouvailles avec la bande entraînée par Jacques Fouroux. Brian Lochore, son homologue néo-zélandais, justifie d'une formule lapidaire : « Depuis un an, notre équipe a beaucoup plus changé que le XV de France, qui a pourtant fortement évolué. » Les Bleus, eux, sortent d'une partie d'anthologie contre l'Australie, éliminée sur ses terres en demi-finale. Mais en réalité, une seule des deux équipes n'a pas encore atteint son sommet. Contre les Aussies, les Tricolores ont joué leur finale avant l'heure.

Dans l'Eden Park d'Auckland, théâtre de l'un des plus grands moments du sport français – une victoire épique en Nouvelle-Zélande le 14 juillet 1979 (19-24) –, douché par des averses les deux jours précédant la finale, ils arrivent à bout de forces, à bout de nerfs. À soixante minutes du coup d'envoi, Fouroux tente un dernier coup de poker : rassembler ses joueurs au centre de l'arène pour leur parler d'amour, d'amitié, des familles, du pays. Des mots et des larmes. Si c'est pensé pour donner un supplément d'âme, au fond, cette émotion fait vaciller les Bleus qui y perdent de l'énergie et leurs esprits.

AU SOMMET DU MONDE

La Nouvelle-Zélande entre dans l'histoire par la grande porte en remportant l'édition inaugurale de la compétition suprême du rugby.

À SENS UNIQUE

Ils attaquent cette finale vent de face ; un choix délibéré du capitaine Daniel Dubroca qui a gagné le toss. Dos au mur, ils résistent courageusement. Et craquent cruellement : c'est en profitant de menues erreurs – un drop de l'ouvreur Grant Fox après un coup franc vite joué par le demi de mêlée David Kirk, un essai du flanker Michael Jones après un drop contré qui a échappé ▶

FEUILLE DE MATCH

Nouvelle-Zélande-France
29-9
Samedi 20 juin 1987
Eden Park (Auckland)

POINTS

Nouvelle-Zélande
3 essais : Michael Jones, David Kirk, John Kirwan
1 transformation : Grant Fox
4 pénalités : Grant Fox
1 drop : Grant Fox

France
1 essai : Pierre Berbizier
1 transformation : Didier Camberabero
1 pénalité : Didier Camberabero

COMPOSITION

Nouvelle-Zélande
15. John Gallagher, 14. John Kirwan, 13. Joe Stanley, 12. Warwick Taylor, 11. Craig Green, 10. Grant Fox, 9. David Kirk (c), 8. Wayne Shelford, 7. Michael Jones, 6. Alan Whetton, 5. Gary Whetton, 4. Murray Pierce, 3. John Drake, 2. Sean Fitzpatrick, 1. Steve McDowall
Coach : Brian Lochore

France
15. Serge Blanco, 14. Didier Camberabero, 13. Philippe Sella, 12. Denis Charvet, 11. Patrice Lagisquet, 10. Franck Mesnel, 9. Pierre Berbizier, 8. Laurent Rodriguez, 7. Dominique Erbani, 6. Éric Champ, 5. Jean Condom, 4. Alain Lorieux, 3. Jean-Pierre Garuet, 2. Daniel Dubroca (c), 1. Pascal Ondarts
Coach : Jacques Fouroux

Steinlager
OFFICIAL SPONSORS OF THE
RUGBY WORLD CUP

à l'ailier tricolore Patrice Lagisquet – que les All Blacks mènent 9-0. À la 18e minute, les Bleus peuvent prétendre revenir, portés par une mêlée où le pilier Pascal Ondarts – pourtant incertain durant la semaine, comme le deuxième ligne Alain Lorieux et le pilier Jean-Pierre Garuet – se montre magnifique. Mais l'essai de pénalité ne viendra jamais. 9-0 à la mi-temps, puis 9-3 à la 44e après une pénalité du buteur et ailier Didier Camberabero. Et cette impression que rien n'est fini.

En fait, les Bleus, courageux, héroïques en défense, ont puisé dans leurs réserves pour faire illusion. À chasser les All Blacks quand ceux-ci ne les acculent pas dans leurs 22 mètres grâce à la justesse du jeu au pied de Fox, ils ont perdu beaucoup d'une énergie qui manquait déjà, au bout d'une saison éprouvante commencée en septembre 1986. Les Néo-Zélandais, eux, ont démarré un nouveau cycle quelques semaines plus tôt.

C'est dans cette dimension athlétique que s'écrit le verdict en faveur de la Nouvelle-Zélande : la deuxième mi-temps est à sens unique. Le capitaine Kirk porte l'estocade après une sublime échappée pour servir son numéro huit Wayne Shelford qui n'a plus qu'à mettre John Kirwan à l'aile sur orbite. Fox, l'homme de la finale avec 17 points, creuse l'écart.

Les Bleus ont des occasions à saisir pour répondre par l'intermédiaire de Camberabero mais, au panache, ils jouent les pénalités à la main pour tenter de sortir comme des grands. Au bout, la récompense : un essai du demi de mêlée Pierre Berbizier à l'ultime minute pour mettre du baume au cœur. 29-9, la victoire la plus étroite des All Blacks durant la compétition… Un sacre au mérite.

David Kirk présente le Trophée Webb Ellis à la foule massée dans l'Eden Park d'Auckland.

19

91

1991 LE TOURNOI

Le deuxième ligne Doddie Weir participe à la victoire écossaise contre l'Irlande, à Murrayfield.

CAP AU NORD

Place au Vieux Continent : après l'hémisphère sud, c'est au tour des pays du Tournoi des Cinq Nations d'accueillir la deuxième édition de l'épreuve.

L'ORGANISATION de la deuxième édition de la Coupe du Monde de Rugby par l'International Rugby Football Board (IRFB), après le sacre de la Nouvelle-Zélande à l'Eden Park d'Auckland en juin 1987, donne lieu à quelques nouveautés. La compétition se déroule cette fois à l'automne et se tient dans l'hémisphère nord : la France héberge huit matchs, le pays de Galles et l'Angleterre sept – dont la finale en apothéose à Twickenham –, et l'Écosse et l'Irlande reçoivent cinq rencontres.

Si la formule de l'épreuve reste la même – quatre poules de quatre équipes qui briguent l'accès à la phase finale –, les nations participantes, elles, ne sont plus invitées, comme l'avaient été les pionnières de 1987. Les huit quart de finalistes de la première édition se trouvent qualifiés d'office : la Nouvelle-Zélande, la France, le pays de Galles, l'Australie, l'Écosse, l'Irlande, les Fidji et l'Angleterre. Les huit autres doivent en passer par une phase de qualification continentale. Au prix de ce parcours du combattant, l'Argentine, le Canada, les États-Unis, l'Italie, le Japon, la Roumanie, les Samoa et le Zimbabwe valident leur ticket pour le tournoi.

Quelques mois plus tôt, les traditionnelles tournées d'été ont livré des enseignements sur les forces en présence. Ce sont les Australiens qui font la plus forte impression après leurs victoires respectives sur leur sol contre les Gallois (63-6 ; 22 juillet), les Anglais (40-15 ; 27 juillet) et les Néo-Zélandais (21-12 ; 10 août), et ce, en dépit de leur léger revers face à ces mêmes All Blacks à Auckland (6-3 ; 24 août).

MATCH PIÈGE

Le coup d'envoi de cette deuxième grand-messe planétaire est donné le 3 octobre à Twickenham, sous la houlette de l'arbitre écossais Jim Fleming : dans son jardin, l'Angleterre, auréolée de son Grand Chelem dans le Tournoi des Cinq Nations 1991, défie la Nouvelle-Zélande, tenante du titre. Annoncé comme redoutable, le paquet d'avants du XV de la Rose trouve immédiatement à qui parler : les All Blacks dominent même en touche et, de façon plus inattendue, en mêlée fermée. Et quoique menant au score à la pause (12-9), les Anglais finissent par craquer peu après la reprise sur un essai du troisième ligne néo-zélandais Michael Jones. Vainqueurs dans ce match piège (12-18), les hommes en noir réussissent leur entrée dans la poule A de la compétition, qu'ils ▶

EN BREF

Pays hôtes : Angleterre / France / Irlande / Écosse / Pays de Galles
3 octobre – 2 novembre 1991
16 équipes (33 durant les qualifications)
32 matchs joués
1 060 065 spectateurs au total
Podium : 1. Australie / 2. Angleterre / 3. Nouvelle-Zélande
Meilleur réalisateur : Ralph Keyes (IRL) : 68 points
Meilleurs marqueurs : David Campese (AUS) et Jean-Baptiste Lafond (FRA) : 6 essais

terminent à la première place après s'être défaits des États-Unis (46-6) et, plus difficilement, de la surprenante Italie (21-31) de Diego Domínguez. Les Anglais, pour leur part, se rachètent face à la Squadra Azzurra (36-6) et aux Eagles (37-9), empochant ainsi leur qualification.

Dominée par l'Écosse – triple vainqueur à Murrayfield du Japon (47-9), du Zimbabwe (51-12) et de l'Irlande (24-15) –, la poule B ouvre aussi la porte des quarts de finale au XV du Trèfle qui assure face au Zimbabwe (55-11) et aux Brave Blossoms (32-16).

Dans la poule C, ce sont les Samoa qui, pour leur première participation à l'épreuve, créent la sensation en battant le pays de Galles (13-16) à l'Arms Park de Cardiff. Et après une courte défaite face à l'Australie (9-3) sous une pluie torrentielle à Pontypool, les joueurs du Pacifique terrassent l'Argentine (12-35), grâce notamment à deux essais du jeune trois-quarts Brian Lima (19 ans), futur membre du World Rugby Hall of Fame, qui deviendra le premier joueur à disputer cinq Coupes du Monde de Rugby (1991, 1995, 1999, 2003 et 2007). De son côté, l'Australie écarte facilement les Pumas (19-32) et le XV du Poireau (3-38) pour poursuivre sa route.

Comme prévu, la France domine la poule D qu'elle joue à domicile, avec trois victoires contre la Roumanie (30-3) à Béziers, les Fidji (33-9) à Grenoble et le Canada (19-13) à Agen, mais elle se fait voler la vedette par ces mêmes Canucks, qui atteignent les quarts de finale en stoppant les Fidji (13-3) à Bayonne et la Roumanie (19-11) à Toulouse.

OCCASION EN OR

Le tableau de la phase finale est désormais connu : le 19 octobre, en quarts de finale, l'Écosse reçoit les Samoa à Murrayfield et la France accueille l'Angleterre au Parc des Princes ; ▶

Le quart de finale contre l'Angleterre est aussi l'ultime match de l'immense Serge Blanco avec le XV de France.

7

le lendemain, l'Australie et l'Irlande en décousent à Lansdowne Road *(lire p. 40)* et le Canada défie la Nouvelle-Zélande à Villeneuve-d'Ascq.

Tombé à ce stade de la compétition en 1987 face aux All Blacks (30-3), le XV du Chardon de l'arrière Gavin Hastings, à Édimbourg, se voit offrir une occasion en or d'accéder cette fois au dernier carré. Mais il doit se méfier de ces diables de Samoans, nation émergente du rugby mondial qui compte à l'époque environ 5 000 joueurs pour une population de 170 000 habitants. Pour composer la sélection des Manu Samoa, Peter Schuster et son adjoint, l'ancien ailier néo-zélandais Bryan Williams, puisent dans le vivier des meilleurs éléments qui évoluent dans les championnats néo-zélandais, à l'instar du pilier et capitaine Peter Fatialofa, de l'ouvreur Stephen Bachop – frère du demi de mêlée All Black Graeme Bachop –, du numéro huit Pat Lam ou encore de l'ailier Timo Tagaloa dont les 95 kg font figure d'épouvantail. Mais les Écossais, trop forts – à l'image du doublé réussi par le troisième ligne John Jeffrey –, passent aisément l'obstacle (28-6).

À Paris, l'Angleterre, qui reste sur trois victoires consécutives contre la France, déploie un plan machiavélique pour déstabiliser ses hôtes. Fidèle à sa stratégie de lourde machine solidement arc-boutée autour d'un pack aussi vaillant que virulent, le sélectionneur Geoff Cook cible la star tricolore Serge Blanco. Cet engagement à tout-va du XV de la Rose provoque l'agacement du camp français qui, fébrile, maladroit, déconcentré, ne s'en remet jamais. Le duel tourne en faveur des coéquipiers du capitaine Will Carling qui prennent le large à la faveur de deux pénalités de l'arrière Jonathan Webb et d'un essai de l'ailier Rory Underwood. Celui du trois-quarts Jean-Baptiste Lafond – son sixième dans la compétition – au début de la deuxième période

Le demi de mêlée japonais Masami Horikoshi, ici contre le Zimbabwe, a commencé le match… ganté.

permet aux Bleus de recoller au score. Mais ils sombrent à nouveau sous la botte de Webb et s'inclinent définitivement sur l'essai de Carling à la 80e minute (10-19).

Sans surprise, les Canadiens, bien que résistants, ne font pas plus le poids contre les Néo-Zélandais (13-29), assommés par les essais de l'arrière John Timu (2 essais), du centre Bernie McCahill, du troisième ligne Zinzan Brooke et de l'ailier John Kirwan. Mais cette génération de joueurs, symbolisée par le deuxième ou troisième ligne Al Charron et le demi d'ouverture Gareth Rees, offre alors au rugby canadien sa meilleure performance en Coupe du Monde de Rugby. Depuis lors, les Canucks n'ont plus jamais atteint la phase finale de la compétition.

ROULEAU COMPRESSEUR

Par le plus grand des hasards, les demi-finales offrent deux oppositions de style, chacune étant le théâtre d'un choc entre deux nations du même hémisphère.

Le 26 octobre, d'abord, l'Écosse tout entière est en transe lorsque le coup d'envoi contre l'Angleterre est sifflé à Murrayfield. Peut-être le match le plus important du rugby de l'ex-Calédonie, émotionnellement intense avec l'adieu aux fans des vieilles gloires John Jeffrey et Finlay Calder qui cesseront bientôt leur carrière internationale. Depuis le Grand Chelem réalisé par le XV du Chardon en 1990, précisément contre ces mêmes Anglais (13-7), le public de Murrayfield entonne l'hymne officieux *Flower of Scotland*, et les chœurs écossais redoublent d'intensité ce jour-là. Le match est âpre et l'Écosse se détache provisoirement, prenant 6 points d'avance grâce à deux pénalités de Hastings, mais le pied de Webb parvient à ramener les siens à hauteur lors de la deuxième mi-temps. Longtemps, la générosité des avants écossais conteste le rouleau ▶

Il est l'un des principaux atouts de l'Angleterre : Rob Andrew, face à l'Italie en phase de poule.

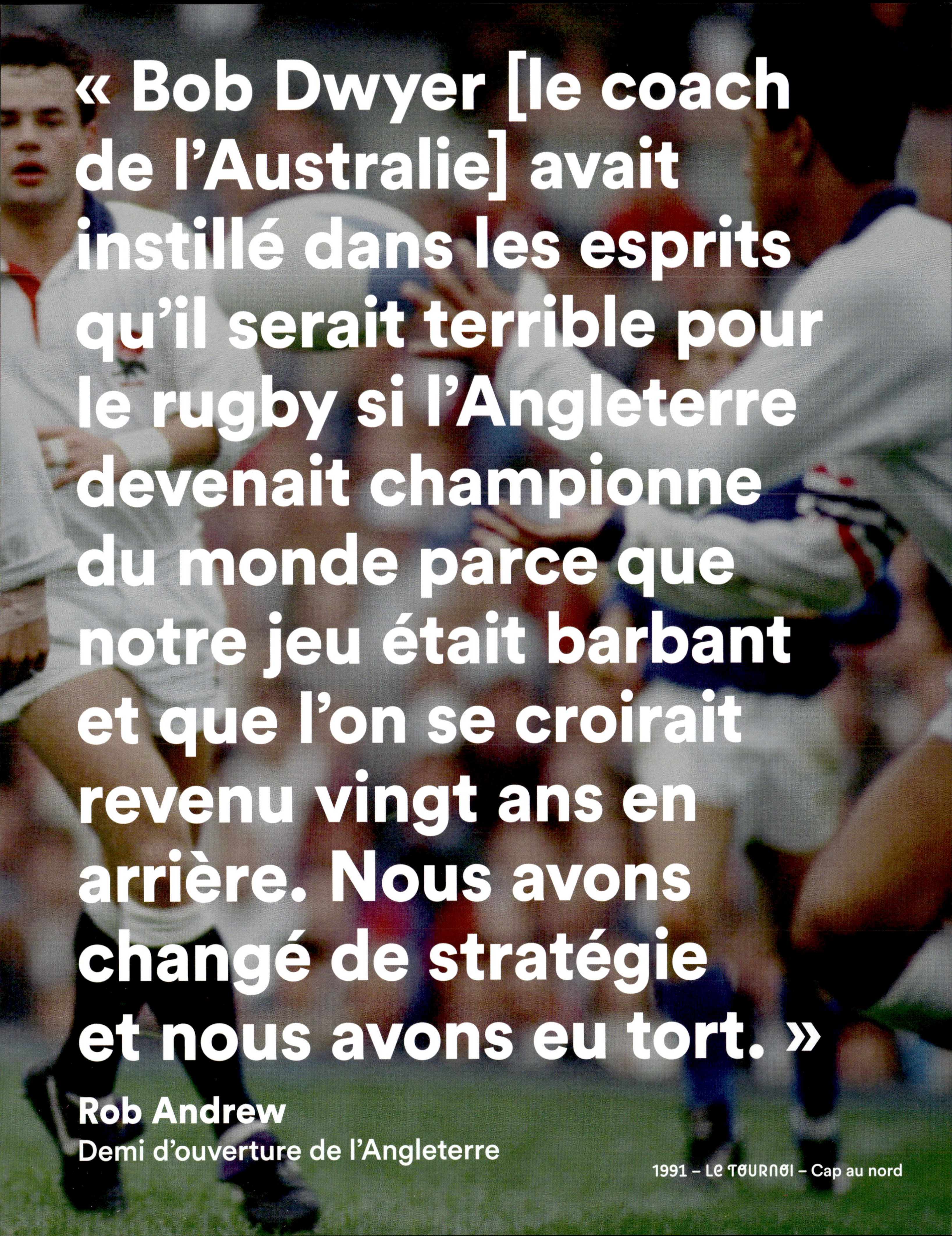

« Bob Dwyer [le coach de l'Australie] avait instillé dans les esprits qu'il serait terrible pour le rugby si l'Angleterre devenait championne du monde parce que notre jeu était barbant et que l'on se croirait revenu vingt ans en arrière. Nous avons changé de stratégie et nous avons eu tort. »

Rob Andrew
Demi d'ouverture de l'Angleterre

compresseur anglais, alimenté par les chandelles incessantes de la charnière Rob Andrew et Richard Hill. Hastings a la balle de match mais, de façon incroyable, manque la cible à 20 mètres face aux perches. Un souvenir qu'il n'effacera jamais de sa mémoire. D'autant qu'à six minutes de la fin de la rencontre, Andrew claque le drop de la victoire (6-9).

Le lendemain, à Lansdowne Road, l'Australie affronte la Nouvelle-Zélande, privée de Michael Jones, dont la foi l'incite à ne pas jouer le dimanche. Depuis le début de la compétition, les Wallabies impressionnent par leur jeu tout en vitesse. Ce sont eux qui attaquent la rencontre tambour battant et plantent le premier essai dès la 6e minute par l'inévitable ailier David Campese. Bien que secoués en touche, les Australiens poursuivent leur récital, exploitant tous les ballons pour enflammer le jeu. Leur audace est récompensée juste avant le repos. Filant sur son aile droite, Campese adresse une passe à l'aveugle magistrale à Tim Horan et le centre aplatit entre les poteaux des All Blacks du coach John Hart. Menés 13-0 à la mi-temps, les champions du monde en titre vacillent. Deux pénalités de l'ouvreur Grant Fox maintiennent leur espoir en deuxième période, qui récompensent la supériorité des coéquipiers du deuxième ligne Gary Whetton sur les phases de conquête et dans les mauls, mais l'Australie de l'entraîneur Bob Dwyer défend son avance admirablement et son buteur Michael Lynagh ne faiblit pas. Elle s'impose 16-6.

Quatre ans après avoir échoué contre la France en demi-finale au Concord Oval de Sydney, les Aussies vont disputer leur première finale de Coupe du Monde de Rugby. ■

LE JOUEUR
DAVID CAMPESE
LE GÉNIE RÉCOMPENSÉ

Célèbre pour son fameux pas de l'oie, l'ailier australien (29 ans à l'époque) est élu meilleur joueur de la Coupe du Monde de Rugby 1991. Il termine aussi l'épreuve au rang de meilleur marqueur d'essais avec six réalisations, à égalité avec le trois-quarts français Jean-Baptiste Lafond. Sa demi-finale contre la Nouvelle-Zélande marque particulièrement les esprits. D'abord pour l'essai qu'il inscrit après un travers dans lequel il se joue de six défenseurs avant de mystifier son vis-à-vis John Kirwan. Puis pour sa passe aveugle géniale à son centre Tim Horan alors qu'il se trouve en position de débordement près de la ligne de touche. Au-delà de ces coups de génie, « Campo », qui totalisera 101 sélections, révolutionne la palette de l'ailier en quittant son couloir pour venir jouer au ras des rucks ou pour s'intercaler entre ses coéquipiers de la charnière.

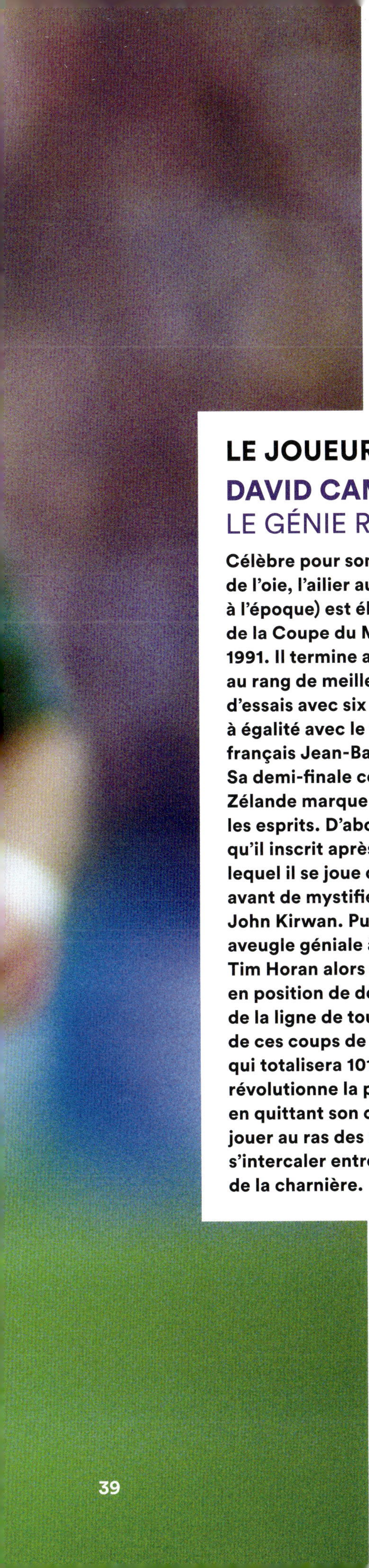

L'Australien David Campese marque deux de ses six essais lors de ce quart de finale contre l'Irlande.

1

2

LE MATCH

IRLANDE-AUSTRALIE

UN POINT DE BASCULE

Le 20 octobre, l'Irlande accueille l'Australie en quart de finale dans son antre de Lansdowne Road et livre un match d'anthologie face aux grands favoris de la compétition. Le XV du Trèfle prend le score à cinq minutes de la fin de la rencontre sur un essai du troisième ligne de la province de l'Ulster, Gordon Hamilton. Il mène alors 18-15 après transformation et rêve déjà de la demi-finale.

Mais les Wallabies, qui ne renoncent jamais, obtiennent une pénalité dans les cordes de leur buteur Michael Lynagh. Trois points de plus leur permettraient d'arriver en prolongation. Au lieu de cela, le numéro dix aussie joue à la main ! Au terme d'une séquence quasi parfaite, David Campese à l'aile manque d'aplatir, mais parvient à repousser le ballon vers l'arrière, dont profite Lynagh pour marquer l'essai libérateur. L'Australie s'impose sur le fil (18-19).

3

Tim Horan (1) et Jason Little (3) font la paire au centre, tandis que le numéro dix Michael Lynagh (2) dirige la symphonie australienne.

FEUILLE DE MATCH

Quart de finale
Irlande-Australie
18-19
Dimanche 20 octobre 1991
Lansdowne Road (Dublin)

POINTS

Irlande
1 essai : Gordon Hamilton
1 transformation : Ralph Keyes
3 pénalités : Ralph Keyes
1 drop : Ralph Keyes

Australie
3 essais : David Campese (2), Michael Lynagh
2 transformations : Michael Lynagh
1 pénalité : Michael Lynagh

COMPOSITION

Irlande
15. Jim Staples, 14. Simon Geoghegan, 13. Brendan Mullin, 12. David Curtis, 11. Jack Clarke, 10. Ralph Keyes, 9. Rob Saunders, 8. Brian Robinson, 7. Gordon Hamilton, 6. Phil Matthews (c), 5. Neil Francis, 4. Donal Lenihan, 3. Des Fitzgerald, 2. Steve Smith, 1. Nick Popplewell
Rempl. : 16. Kenny Murphy, 17. Vince Cunningham, 18. Fergus Aherne, 19. Terry Kingston, 20. Gary Halpin, 21. Noel Mannion
Coach : Ciaran Fitzgerald

Australie
15. Marty Roebuck, 14. Bob Egerton, 13. Jason Little, 12. Tim Horan, 11. David Campese, 10. Michael Lynagh, 9. Nick Farr-Jones, 8. Willie Ofahengaue, 7. Jeff Miller, 6. Simon Poidevin, 5. John Eales (c), 4. Rod McCall, 3. Ewen McKenzie, 2. Phil Kearns, 1. Tony Daly
Rempl. : 16. John Flett, 17. Anthony Herbert, 18. Peter Slattery, 19. Steve Cutler, 20. Dan Crowley, 21. David Nucifora
Coach : Bob Dwyer

1991 La finale

Le public
en nombre
pour vivre
l'apothéose de
la Coupe du Monde
de Rugby 1991.

LE TRIOMPHE D'UNE GÉNÉRATION

Favoris de la compétition, les Australiens assument leur statut. Et marquent leur territoire avec ce premier titre international.

À TWICKENHAM, ce 2 novembre 1991, l'Angleterre et l'Australie s'affrontent pour une finale en forme de sommet du Commonwealth. Le temple du rugby attire les regards du monde entier, mais l'effervescence bouillonne particulièrement au pays de la Rose. Les experts locaux vont même jusqu'à comparer l'épopée des footballeurs de Bobby Moore, champions du monde en 1966, à celle des hommes du capitaine Will Carling, qui se voit bombardé à la une des journaux. En haut lieu, John Major, le Premier ministre britannique, parie avec son homologue australien Bob Hawke : la nation vaincue recevra de son bourreau un ballon dédicacé par toute l'équipe championne du monde. *So british !*

Le style de jeu du XV de la Rose ne fait pas l'unanimité. « Je pense que le jeu doit être joué pour courir avec la balle, la passer, et pas seulement pour botter et foncer après, déclare ainsi John Hart, le sélectionneur des Néo-Zélandais. Si une équipe peut gagner la balle, comme l'Angleterre, et ne pas la faire aller au-delà du demi d'ouverture, je me demande pourquoi nous jouons au rugby. Si l'Angleterre gagne la Coupe du Monde, que Dieu sauve le rugby ! » Les Aussies, de leur côté, demandent à faire tailler de 5 centimètres la hauteur de la pelouse de Twickenham, afin de ne pas freiner la vitesse de leurs joueurs. De bonne guerre. Pourtant, une énorme surprise attend les observateurs qui n'en croient pas leurs yeux... Sitôt le coup d'envoi de la rencontre sifflé par l'arbitre gallois Derek Bevan, ce sont les Anglais qui attaquent à tous crins, ouvrant le jeu dès la première mêlée !

Quelques chiffres pour comprendre cette métamorphose impulsée par la charnière : le demi de mêlée Richard Hill effectue 48 passes et ne tape au pied que deux fois ; son acolyte de l'ouverture Rob Andrew réalise, lui, 33 passes pour seulement quatorze coups de pied. Et comme les avants du XV de la Rose, notamment le cinq majeur de légende – Jason Leonard, Brian Moore, Jeff Probyn, Paul Ackford et Wade Dooley –, dominent outrageusement en conquête et dans les mauls, la mainmise anglaise sur le ballon ressemble à un cavalier seul. ▶

FEUILLE DE MATCH

Australie-Angleterre
12-6
Samedi 2 novembre 1991
Twickenham (Londres)

POINTS

Australie
1 essai : Tony Daly
1 transformation : Michael Lynagh
2 pénalités : Michael Lynagh

Angleterre
2 pénalités : Jonathan Webb

COMPOSITION

Australie
15. Marty Roebuck, 14. Bob Egerton, 13. Jason Little, 12. Tim Horan, 11. David Campese, 10. Michael Lynagh, 9. Nick Farr-Jones (c), 8. Troy Coker, 7. Viliami Ofahengaue, 6. Simon Poidevin, 5. John Eales, 4. Rod McCall, 3. Ewen McKenzie, 2. Phil Kearns, 1. Tony Daly
Rempl. : 16. John Flett, 17. Anthony Herbert, 18. Peter Slattery, 19. Jeff Miller, 20. Dan Crowley, 21. David Nucifora
Coach : Bob Dwyer

Angleterre
15. Jonathan Webb, 14. Simon Halliday, 13. Will Carling (c), 12. Jeremy Guscott, 11. Rory Underwood, 10. Rob Andrew, 9. Richard Hill, 8. Mike Teague, 7. Peter Winterbottom, 6. Michael Skinner, 5. Paul Ackford, 4. Wade Dooley, 3. Jeff Probyn, 2. Brian Moore, 1. Jason Leonard
Rempl. : 16. Nigel Heslop, 17. David Pears, 18. Dewi Morris, 19. Dean Richards, 20. John Olver, 21. Gary Pearce
Coach : Geoff Cooke

DIMENSION ATHLÉTIQUE

Sauf qu'au tableau d'affichage, les Wallabies, qui poussent l'efficacité défensive à son paroxysme et punissent leurs adversaires en contre, atteignent la pause avec 9 points d'avance (9-0) ! Une pénalité de l'ouvreur Michael Lynagh suivie d'un essai en force du pilier Tony Daly, consécutif à une percée magistrale du centre Tim Horan puis une prise en touche du flanker Willie Ofahengaue, leur donnent cet avantage conséquent. Deux échecs au but de l'arrière Jonathan Webb obligent les Anglais à se lancer dans une course-poursuite infernale à la reprise. Le buteur de la Rose trouve enfin l'ouverture à la 62e minute mais, six minutes plus tard, Lynagh ajoute 3 points au compteur australien. Webb récidive à la 71e, promettant une fin de rencontre étouffante. Cependant, en dépit des dernières cartouches anglaises, le score de 12-6 en faveur des Wallabies ne bouge plus.

Réputée pour son allant offensif, la génération dorée emmenée par David Campese remporte la deuxième Coupe du Monde de Rugby de l'histoire en administrant une master class en défense. C'est elle qui, dès 1984, avait marqué le rugby international de son empreinte lors d'une tournée en Grande-Bretagne et en Irlande. Ces joueurs-là étaient déjà les ambassadeurs d'un rugby dynamique et ambitieux, préfigurant en quelque sorte ce qu'allait devenir plus tard le rugby professionnel avec l'importance de sa dimension athlétique. Alors, quand le demi de mêlée et capitaine Nick Farr-Jones reçoit le Trophée Webb Ellis des mains de la reine d'Angleterre, il y a dans ce sacre une certaine forme de logique : depuis deux ans, les Aussies ont battu toutes les meilleures nations. ■

Nick Farr-Jones et David Campese, la glace et le feu, pour le meilleur de l'Australie.

19

VISA
FAMOUS GROUSE
Heineken
XEROX
TOYOTA
Coca-Cola
RUGBY WORLD CUP
SOUTH AFRICA

95
XEROX
TOYOTA
ISCOR
VISA
Heineken

1995 LE TOURNOI

Essai du pilier
Nick Popplewell
et qualification de
l'Irlande en quart
de finale aux dépens
du pays de Galles.

LA FUTURE NATION arc-en-ciel est d'abord la triste spectatrice d'un moment d'histoire du sport : en juin 1987, la compétition suprême du rugby mondial naît sans elle. Une incongruité au regard du rang des internationaux sud-africains sur la planète ovale. Eux qui défient les Lions britanniques depuis 1891, qui brillent en Europe en tournée dès 1912 avec un Grand Chelem, et qui disputent à la Nouvelle-Zélande le statut de nation reine jusque dans les années 1960… Mais pour l'International Rugby Football Board (IRFB), c'est une évidence eu égard à la terrible politique de l'apartheid, en vigueur entre 1948 et 1991, ayant fini par conduire à la mise au ban du pays.

IT'S TIME FOR AFRICA

L'Afrique du Sud, enfin de retour dans le concert des nations, fête la réconciliation de son peuple et l'émergence du rugby.

En coulisses, des hommes de conviction et de valeurs essayent pourtant d'agir pour le mieux et de maintenir le lien avec le reste du monde. Parmi eux, Danie Craven – opposant réputé à la ségrégation raciale – et Fritz Eloff, représentants de l'Afrique du Sud au Board. Ils étaient au cœur des discussions quand le projet de création d'une Coupe du Monde de Rugby a été mis sur la table puis validé. Tous leurs efforts ne seront pas vains. Début 1991, l'Afrique du Sud est enfin au rendez-vous de l'histoire : le président de l'État de la République Frederik de Klerk annonce son intention de mettre un terme à l'apartheid. Le 30 juin 1991, c'est effectif : le régime est aboli.

Alors, l'IRFB est également au rendez-vous, bien décidé à tendre la main au rugby sud-africain, prêt à revenir dans le concert des nations. Trop tard pour disputer la deuxième grand-messe planétaire sur le sol européen à l'automne 1991, pas pour candidater à l'édition 1995. Si le Canada et la Nouvelle-Zélande ont déposé un dossier, le poids de l'histoire pèse bien plus lourd : le 13 avril 1992, le Board annonce que l'Afrique du Sud accueillera seule – une première là aussi – la Coupe du Monde de Rugby 1995.

La formule reste inchangée : quatre poules de quatre équipes, puis des quarts de finale. Le casting, lui, est plus intensément renouvelé : outre l'Afrique du Sud qualifiée d'office comme pays organisateur au même titre que les quart de finalistes de l'édition 1991, la Côte d'Ivoire participe pour la première fois à l'épreuve. Les Fidji ne sont pas à la fête, quand les Tonga sont de retour.

Que ce soit la première participation des Springboks n'y change rien : l'histoire de cette équipe la classe parmi les favoris aux côtés des deux nations ayant déjà décroché l'étoile – la Nouvelle-Zélande en 1987 et l'Australie en 1991. Sans oublier l'Angleterre qui ne peut être ▶

EN BREF

Pays hôte : Afrique du Sud
25 mai – 24 juin 1995
16 équipes (52 durant les qualifications)
32 matchs joués
936 900 spectateurs au total
Podium : 1. Afrique du Sud / 2. Nouvelle-Zélande / 3. France
Meilleur réalisateur : Thierry Lacroix (FRA) : 112 points
Meilleurs marqueurs : Marc Ellis (NZL) et Jonah Lomu (NZL) : 7 essais

snobée puisque sur la lancée d'un sacre dans le Tournoi des Cinq Nations 1995, Grand Chelem en prime. L'Écosse et la France – troisième du Tournoi mais victorieuse un an plus tôt d'une tournée chez les All Blacks – apparaissent aussi crédibles.

SUPPLÉMENT D'ÂME

Le 25 mai, au Cap, le coup d'envoi de la compétition donne le ton aux prétendants : les hôtes au maillot vert et or sont en mission. Pour le match au sommet de la poule A, ils s'offrent les Aussies champions du monde en titre (27-18). Et prennent une option sur la première place du groupe. La Roumanie et le Canada, balayés par les deux cadors du Sud, ne sont pas de taille à offrir un autre dénouement. Et même leur affrontement se révèle sans suspense, les Canucks éteignant les Roumains (34-3) pour finir à la troisième place.

Dans la poule B, l'Angleterre assume son statut avec trois victoires, même si dans le détail ce n'est pas flamboyant : 18-24 contre l'Argentine, 27-20 contre l'Italie, avant une montée en puissance contre les Samoa (44-22). Pied de nez, l'équipe qui a le plus souffert contre le XV de la Rose se qualifie pourtant : les Samoa ont le bon goût de martyriser l'Italie pour leur entrée en lice (18-42) et de renverser les Argentins pour s'imposer après avoir été menés 10-16 à la mi-temps (32-26). Des Pumas décidément en souffrance : eux qui ne comptent qu'un seul succès décroché contre l'Italie en deux éditions – en 1987 – s'inclinent encore une fois contre la Squadra Azzurra (25-31), synonyme pour la troisième fois de dernière place de son groupe.

Statut également assumé par les All Blacks dans la poule C. C'était attendu pour ceux qui n'ont encore jamais perdu de leur histoire contre l'Irlande, ne se sont plus inclinés face ▶

La Côte d'Ivoire de Max Brito (à droite) participe à sa première et unique Coupe du Monde de Rugby.

aux Gallois depuis 1953, et qui affrontent les Japonais pour la première fois en match officiel. Une démonstration de bout en bout : 19-43 contre le XV du Trèfle, 34-9 contre les Diables rouges et un record contre les Brave Blossoms (17-145) avec 21 essais inscrits... Première place à la clé, bien évidemment. Avec 252 points encaissés en trois matchs, le Japon finit dernier.

Pour le deuxième fauteuil de qualifié, le XV du Poireau, moribond au printemps avec une cuillère de bois dans le Tournoi 1995, fait longtemps trembler l'Irlande, comme si le parfum de la Coupe du Monde de Rugby lui donnait un supplément d'âme. Mais dans le dernier match de poule, le *fighting spirit* irlandais finit par faire la différence d'un souffle : une victoire 24-23, 1 point suffisant pour arracher la qualification en quart de finale.

Et y retrouver le premier de la poule D. Ce sera la France, qui tient son rang devant les Tonga (38-10) – un jour où le centre Thierry Lacroix inscrit le 1000e essai de l'histoire des Bleus – et la Côte d'Ivoire (54-18), avant de retrouver comme en 1987 l'Écosse, en parvenant cette fois à s'imposer sur le gong grâce à un essai à la 84e minute de l'ailier Émile Ntamack (22-19). Le XV du Chardon, malgré ses victoires contre les Tonga (41-5) et la Côte d'Ivoire (0-89), est condamné à la deuxième place qui l'envoie défier... les hommes en noir.

Le dernier match de la poule entre les Tonga et la Côte d'Ivoire (11-29) doit n'être qu'une fête avec, pour enjeu, d'éviter la dernière place. Ce 3 juin 1995, il vire au grave accident : Max Brito, ailier de Biscarrosse (Landes), se retrouve, après trois minutes de jeu, écrasé sous un regroupement. Vertèbres cervicales touchées, il n'a plus jamais pu marcher... Un accident jamais occulté par la fédération internationale, qui a témoigné son soutien du premier au dernier jour, l'invitant

Revanche pour la France du deuxième ligne Olivier Roumat qui gagne son match pour la troisième place face à l'Angleterre.

à la Coupe du Monde de Rugby 2003 en Australie. Le joueur est décédé en décembre 2022. Il avait 54 ans.

QUELQUES DÉTAILS

Le 10 juin, à Durban, contre l'Irlande, les Français ouvrent le bal des quarts de finale. Des Tricolores favoris après la leçon infligée à Dublin dans le Tournoi 1995 (7-25). Le match est serré jusqu'à la mi-temps (12-12). Ensuite, les Bleus déroulent grâce notamment à Lacroix, auteur de 26 points, et enfoncent le clou dans les deux dernières minutes avec des essais des ailiers Philippe Saint-André et Ntamack (36-12).

À l'Ellis Park de Johannesburg, le même jour, les Sud-Africains, même privés de leur ouvreur métronome Joel Stransky, blessé à un œil, ne ratent pas leur rendez-vous contre les Samoa : 23-0 à la mi-temps, 42-14 à l'arrivée.

La grande affiche est programmée le lendemain : Australie-Angleterre au Cap, rien de moins que la revanche de la finale de la dernière édition. Un match épique et un immense combat d'avants. Les espaces sont réduits et le quart de finale vire au duel de buteurs qui se répondent du tac au tac. Alors que la prolongation est à l'horizon, un ouvreur anglais en décide autrement : après une dernière touche arrachée et un maul commandé par le troisième ligne Dean Richards, Rob Andrew tente un drop de 40 mètres qui qualifie l'Angleterre et fait tomber le champion du monde en titre (25-22).

L'autre nation déjà sacrée dans la compétition est, elle, bien au rendez-vous des demi-finales : malgré un grand Gavin Hastings à l'arrière et une vaillance indéniable des Écossais, la Nouvelle-Zélande donne la leçon (48-30).

Les demi-finales proposent un duel Nord-Sud : Afrique du Sud-France et Angleterre-Nouvelle-Zélande. La perspective d'un remake de 1987 ▶

Jonah Lomu vient d'effacer Joost van der Westhuizen, mais Ruben Kruger s'arrache pour plaquer le Néo-Zélandais.

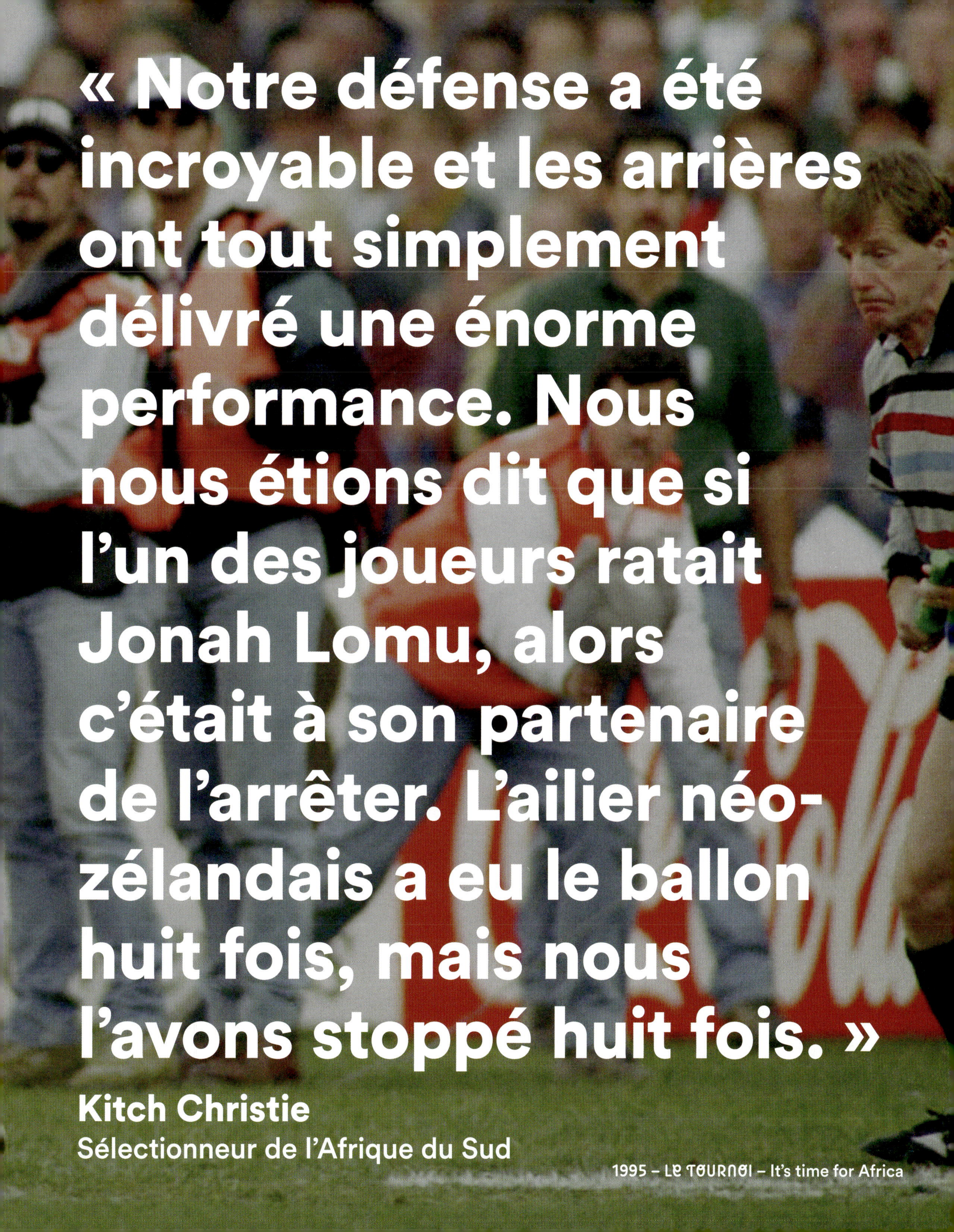

« Notre défense a été incroyable et les arrières ont tout simplement délivré une énorme performance. Nous nous étions dit que si l'un des joueurs ratait Jonah Lomu, alors c'était à son partenaire de l'arrêter. L'ailier néo-zélandais a eu le ballon huit fois, mais nous l'avons stoppé huit fois. »

Kitch Christie
Sélectionneur de l'Afrique du Sud

fait long feu. Mais le 17 juin 1995, sous la pluie de Durban, les Bleus sont douchés, coulés. Le coup d'envoi est retardé d'une heure et demie, temps durant lequel une armée de petites mains équipées de balais pour racler l'eau tente de transformer le marécage en terrain praticable. C'est toujours une rizière au coup d'envoi. Les locaux prennent les commandes du combat, les Français répliquent avec Lacroix, toujours lui. L'essai, lui, n'est jamais venu. Ou plutôt, il a été refusé à Ntamack par l'arbitre gallois Derek Bevan pour un en-avant. Un peu plus tôt, le flanker Ruben Kruger a eu le bonheur de voir le sien accordé.

Cette finale tendait les bras aux Bleus, elle s'est refusée pour quelques détails et centimètres : ceux qui manquent au troisième ligne Abdelatif Benazzi pour marquer sur une percussion après une chandelle de son ouvreur Christophe Deylaud, ceux que la mêlée tricolore n'a pas infligés à sa rivale sur une série de mêlées à 5 mètres de la ligne… Le destin le voulait ainsi.

L'autre demi-finale tourne aussi en faveur du Sud *(lire p. 58)*. La France et l'Angleterre peuvent alors se retrouver pour la troisième place et les Bleus – avec la 111e et ultime sélection du centre Philippe Sella – enfin prendre leur revanche de la Coupe du Monde de Rugby 1991 en battant le XV de la Rose (19-9) pour la première fois depuis 1988.

À l'Ellis Park pour la finale, le lendemain, c'est d'un tout autre moment d'histoire dont il sera question. ■

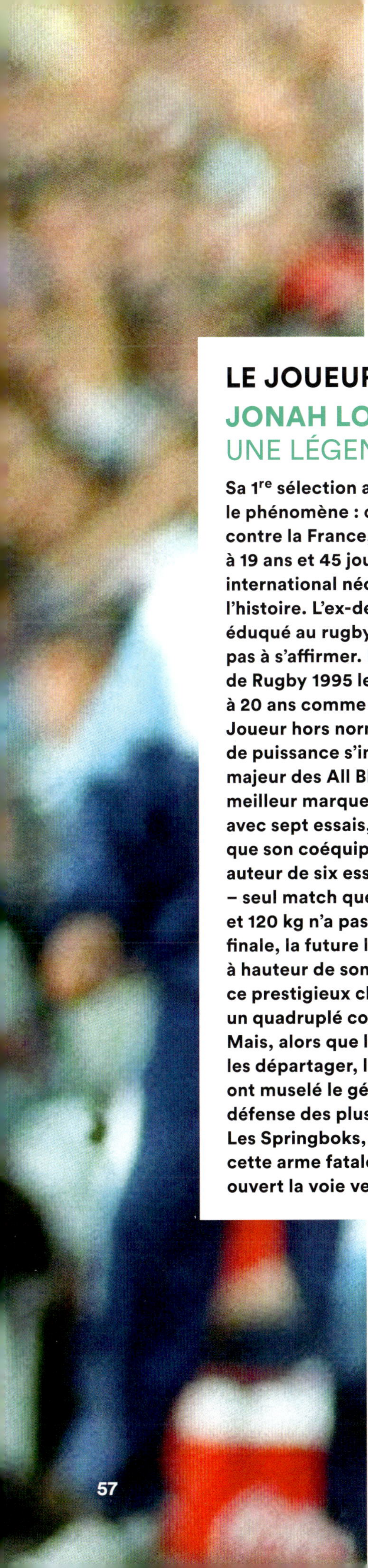

Toute la puissance et la détermination de la première star mondiale du rugby.

LE JOUEUR

JONAH LOMU
UNE LÉGENDE EST NÉE

Sa 1re sélection a annoncé le phénomène : capé en juin 1994 contre la France, l'ailier devient à 19 ans et 45 jours le plus jeune international néo-zélandais de l'histoire. L'ex-deuxième ligne, éduqué au rugby à sept, ne tarde pas à s'affirmer. La Coupe du Monde de Rugby 1995 le consacre même à 20 ans comme l'étoile de ce jeu. Joueur hors norme, ce monstre de puissance s'impose l'atout majeur des All Blacks et termine meilleur marqueur de la compétition avec sept essais, au même titre que son coéquipier Marc Ellis, auteur de six essais contre le Japon – seul match que le géant de 1,96 m et 120 kg n'a pas disputé… En demi-finale, la future légende est revenue à hauteur de son partenaire dans ce prestigieux classement avec un quadruplé contre l'Angleterre. Mais, alors que la finale aurait pu les départager, les Sud-Africains ont muselé le génie avec une défense des plus agressives. Les Springboks, en désactivant cette arme fatale, se sont alors ouvert la voie vers le titre.

1

2

LE MATCH

ANGLETERRE-NOUVELLE-ZÉLANDE

AVIS DE MARÉE NOIRE

Presque une finale avant l'heure : le pays champion du monde 1987 contre le finaliste malheureux de 1991 et dernier vainqueur du Tournoi des Cinq Nations. Les promesses d'un sommet sont cependant déçues : c'est un match à sens unique. La faute à un homme, le géant Jonah Lomu, qui n'a pas mis trois minutes à inscrire un essai mythique venu fissurer les espoirs anglais. Une action qui tourne encore en boucle : percussions sur l'ailier Tony Underwood puis le capitaine Will Carling, déboulé sur l'arrière Mike Catt, renversé comme une brindille, avant de s'écrouler en terre promise. Ce n'est que le lancement d'un feu d'artifice.

Les All Blacks, avec un essai du flanker Josh Kronfeld et un autre de Lomu, mènent 3-25 à la mi-temps. Les Anglais ne veulent pas abdiquer, mais ils ne sont simplement pas de taille. Deux autres essais de Lomu et une réalisation du numéro neuf Graeme Bachop, sans oublier les drops du troisième ligne Zinzan Brooke et Andrew Mehrtens à l'ouverture, rendent vain le baroud d'honneur anglais avec deux doublés signés Carling et Rory Underwood (29-45). Huit ans après, la Nouvelle-Zélande revient en finale.

Malgré deux essais de Rory Underwood (1), l'Angleterre s'incline face à la Nouvelle-Zélande de la machine Jonah Lomu (3) et des talentueux Zinzan Brooke, Frank Bunce et Jeff Wilson (2).

3

FEUILLE DE MATCH

Demi-finale
Angleterre-Nouvelle-Zélande
29-45
Samedi 17 juin 1995
Newlands Stadium (Le Cap)

POINTS

Angleterre

4 essais : Rory Underwood (2), Will Carling (2)
3 transformations : Rob Andrew
1 pénalité : Rob Andrew

Nouvelle-Zélande

6 essais : Jonah Lomu (4), Josh Kronfeld, Graeme Bachop
3 transformations : Andrew Mehrtens
1 pénalité : Andrew Mehrtens
2 drops : Zinzan Brooke, Andrew Mehrtens

COMPOSITION

Angleterre

15. Mike Catt, 14. Tony Underwood, 13. Will Carling (c), 12. Jeremy Guscott, 11. Rory Underwood, 10. Rob Andrew, 9. Dewi Morris, 8. Dean Richards, 7. Ben Clarke, 6. Tim Rodber, 5. Martin Bayfield, 4. Martin Johnson, 3. Victor Ubogu, 2. Brian Moore, 1. Jason Leonard
Rempl. : 16. Jon Callard, 17. Phil de Glanville, 18. Kyran Bracken, 19. Steve Ojomoh, 20. Graham Dawe, 21. Graham Rowntree
Coach : Jack Rowell

Nouvelle-Zélande

15. Glen Osborne, 14. Jeff Wilson, 13. Frank Bunce, 12. Walter Little, 11. Jonah Lomu, 10. Andrew Mehrtens, 9. Graeme Bachop, 8. Zinzan Brooke, 7. Josh Kronfeld, 6. Mike Brewer, 5. Robin Brooke, 4. Ian Jones, 3. Olo Brown, 2. Sean Fitzpatrick (c), 1. Craig Dowd
Rempl. : 16. Marc Ellis, 17. Simon Culhane, 18. Ant Strachan, 19. Blair Larsen, 20. Richard Loe, 21. Norm Hewitt
Coach : Laurie Mains

1995 La finale

Joost van der Westhuizen et Francois Pienaar, les deux leaders d'une Afrique du Sud triomphante.

INVICTUS

Première participation, première finale et premier titre suprême... Un carton plein pour l'Afrique du Sud qui organise l'édition 1995. Tout un symbole.

C'EST PLUS QUE du rugby, plus qu'une finale de Coupe du Monde de Rugby. C'est un rendez-vous promis à devenir un acte fondateur pour la nation sud-africaine, unie, réunie, enfin fière de ses Springboks si longtemps symboles à leurs corps défendant d'une nation déchirée par des décennies d'un régime raciste. Première participation et première finale pour les hommes du manager Morne du Plessis et du coach Kitch Christie. Mais pour parachever l'œuvre, il faut encore gravir la dernière marche en ce 24 juin 1995 dans l'Ellis Park de Johannesburg : vaincre les Néo-Zélandais, grands rivaux avant que l'apartheid n'empêche les confrontations entre les deux sélections.

Cette finale a peut-être basculé avant de commencer. Deux jours plus tôt avec une malheureuse intoxication alimentaire ayant frappé la délégation néo-zélandaise, dont 18 joueurs à la fougère. Ou bien une heure avant le coup d'envoi, quand le président Nelson Mandela s'est installé dans les tribunes, maillot des Springboks sur les épaules, numéro six dans le dos, celui du capitaine Francois Pienaar, l'Afrikaner aux cheveux blonds. Ou encore quelques minutes plus tard, quand un Boeing 747 de la South African Airlines a survolé par deux fois le stade avec l'inscription « *Good Luck Bokke* » peinte sous l'appareil.

Les All Blacks paraissent pourtant encore si grands. Portés par le phénomène ailier Jonah Lomu, la pépite Andrew Mehrtens à l'ouverture, le stratège Graeme Bachop à la mêlée, ils ont pendant un mois fait entrer le jeu dans une nouvelle dimension. Un jeu offensif éblouissant fait de vitesse, de recherche d'espaces et de décalages, d'attaques en première main, avec toujours un sang-froid à toute épreuve.

Seulement, face à quinze adversaires déterminés et toute une nation dans leur sillage, les Néo-Zélandais chancellent. L'enjeu, certes, peut expliquer bien des choses : ces fautes de main, ces décisions moins pertinentes, cette timidité soudaine. Cette pression, néanmoins, c'est surtout celle infligée par les hôtes à leurs rivaux : au-delà du plan visant à cerner Jonah Lomu pour le museler, les Sud-Africains livrent un combat immense. ▶

FEUILLE DE MATCH

Afrique du Sud-Nouvelle-Zélande
15-12
Samedi 24 juin 1995
Ellis Park (Johannesburg)

POINTS

Afrique du Sud
3 pénalités : Joel Stransky
2 drops : Joel Stransky

Nouvelle-Zélande
3 pénalités : Andrew Mehrtens
1 drop : Andrew Mehrtens

COMPOSITION

Afrique du Sud
15. Andre Joubert, 14. James Small, 13. Japie Mulder, 12. Hennie le Roux, 11. Chester Williams, 10. Joel Stransky, 9. Joost van der Westhuizen, 8. Mark Andrews, 7. Ruben Kruger, 6. Francois Pienaar (c), 5. Hannes Strydom, 4. Kobus Wiese, 3. Balie Swart, 2. Chris Rossouw, 1. Os du Randt
Rempl. : 16. Gavin Johnson, 17. Brendan Venter, 18. Johan Roux, 19. Rudolf Straeuli, 20. Garry Pagel, 21. Naka Drotske
Coach : Kitch Christie

Nouvelle-Zélande
15. Glen Osborne, 14. Jeff Wilson, 13. Frank Bunce, 12. Walter Little, 11. Jonah Lomu, 10. Andrew Mehrtens, 9. Graeme Bachop, 8. Zinzan Brooke, 7. Josh Kronfeld, 6. Mike Brewer, 5. Robin Brooke, 4. Ian Jones, 3. Olo Brown, 2. Sean Fitzpatrick (c), 1. Craig Dowd
Rempl. : 16. Marc Ellis, 17. Simon Culhane, 18. Ant Strachan, 19. Jamie Joseph, 20. Richard Loe, 21. Norm Hewitt
Coach : Laurie Mains

6

FIERTÉ NOUVELLE

Ils ne sont pas là pour jouer, mais pour gagner. Défendre comme des enragés en est la clé. Des plaquages par dizaines et des hommes en noir étourdis par des adversaires évoluant sur un fil, toujours à la limite du hors-jeu. Stratégie claire : polluer toutes les phases de conquête pour empêcher les Néo-Zélandais de lancer le jeu, éviter les fautes pour ne pas offrir ces ballons de récupération qui font la magie noire. Et confier le reste à l'ouvreur et buteur Joel Stransky.

Celui-ci n'a jamais tremblé dans son duel avec son vis-à-vis Mehrtens. Le All Black ouvre le score, le Springbok réplique. À la mi-temps, l'Afrique du Sud mène 9-6. Mehrtens, d'un drop, envoie les deux équipes en prolongation, une première en Coupe du Monde de Rugby. Dans l'*extra time*, le numéro dix du pays du long nuage blanc, encore lui, tire le premier. Quand Stransky égalise avant de poser le couvercle d'un maître drop à la 93e minute : servi par le demi de mêlée Joos van der Westhuizen, il dégaine à 28 mètres du pied droit. Il a marqué les premiers points de l'édition 1995 avec une pénalité à la 5e minute du match d'ouverture contre l'Australie, il en écrit l'épilogue un mois plus tard au bout du seul match sans essai de cette troisième édition…

Au coup de sifflet final, Pienaar rassemble ses coéquipiers pour une dernière communion intime avant d'exulter devant tout un peuple. Après les années noires, quelque part, la plus belle des fins. En tout cas, celle rêvée pour que s'achève la réconciliation du peuple sud-africain. Cela ne peut que laisser un pincement au cœur des Français et des Néo-Zélandais tombés au pied du Trophée Webb Ellis. Mais la fierté nouvelle de toute une nation pour son équipe et les visages radieux de Mandela et Pienaar, architectes de l'unité naissante d'un pays, ont consolé les plus sages d'entre eux, ainsi que l'a avoué le troisième ligne français Abdelatif Benazzi. C'était bien plus que du rugby. ■

Un symbole : Francois Pienaar reçoit le Trophée Webb Ellis des mains de Nelson Mandela.

19

99

1999 LE TOURNOI

En vainquant l'Irlande, l'Argentine d'Agustín Pichot accède pour la première fois aux quarts de finale.

LA QUATRIÈME DIMENSION

L'édition 1999, qui reçoit 20 équipes pour la première fois, lance un tout nouveau format. Le rugby s'internationalise.

APRÈS LE SUCCÈS de l'épreuve en Afrique du Sud et le triomphe des Springboks, symboles de la nation arc-en-ciel, la Coupe du Monde de Rugby revient dans l'hémisphère nord. Hôte de la compétition, le pays de Galles délocalise un grand nombre de rencontres. À l'image de 1991, les membres du Tournoi des Cinq Nations collaborent à la réussite de ce quatrième opus. Les matchs de la poule A se tiennent en Écosse, ceux de la poule B en Angleterre, ceux de la poule C en France, ceux de la poule D au pays de Galles et ceux de la poule E en Irlande.

Pour la première fois, 20 équipes participent à la fête (contre 16 auparavant) et se trouvent réparties en cinq poules de quatre. Seules quatre d'entre elles sont qualifiées d'office : l'Afrique du Sud – championne en titre –, la Nouvelle-Zélande – finaliste de l'édition 1995 –, la France – troisième –, et le pays de Galles, en tant que pays hôte.

Au total, une soixantaine de nations issues des cinq continents disputent la phase qualificative destinée à pourvoir les seize places restantes. De ce brassage d'une ampleur inédite, signe que le rugby entré dans l'ère professionnelle quatre ans plus tôt conquiert sans cesse de nouveaux territoires sous l'impulsion de l'International Rugby Board (IRB) – ancêtre de World Rugby –, trois pays émergent : l'Espagne, la Namibie et l'Uruguay valident leur ticket et vont jouer leur première Coupe du Monde de Rugby.

L'élargissement à 20 équipes entraîne aussi un changement de formule : ainsi, les cinq vainqueurs de poule sont qualifiés pour les quarts de finale. Les trois autres qualifiés pour les quarts doivent en passer par des matchs de barrage. Sont concernés : les cinq deuxièmes de poule et la meilleure équipe classée troisième de poule.

PROMENADE DE SANTÉ

Donné le 1er octobre, le coup d'envoi de la compétition a pour théâtre le Millennium Stadium flambant neuf à Cardiff, dont la construction vient de s'achever au mois de juin. Devant plus de 72 000 spectateurs, les Gallois y reçoivent l'Argentine sous la houlette de l'arbitre néo-zélandais Paddy O'Brien. Les Pumas résistent bien à la ferveur des Diables rouges, notamment grâce aux 18 points inscrits sur pénalité par leur buteur Gonzalo Quesada. Mais un essai du flanker Colin Charvis suivi d'un autre du centre Mark Taylor, associés à la réussite face aux perches du numéro dix Neil Jenkins, permettent aux locaux de franchir ce premier obstacle (23-18). ▶

EN BREF

Pays hôte : pays de Galles
1er octobre – 6 novembre 1999
20 équipes (71 durant les qualifications)
41 matchs joués
1 556 572 spectateurs au total
Podium : 1. Australie / 2. France / 3. Afrique du Sud
Meilleur réalisateur : Gonzalo Quesada (ARG) : 102 points
Meilleur marqueur : Jonah Lomu (NZL) : 8 essais

Une victoire essentielle pour le pays organisateur car, après avoir battu le Japon (64-15), il chute sur ses terres face aux Samoa (31-38). Un rappel à l'ordre sans conséquence : les joueurs du Néo-Zélandais Graham Henry s'assurent malgré tout la première place de la poule à la faveur d'un meilleur goal-average que la sélection polynésienne. Ce fait d'armes des Samoans et la qualification pour les barrages de l'Argentine constituent les seuls véritables frissons lors de la phase qualificative du tournoi.

En effet, les nations majeures de l'hémisphère sud s'offrent une promenade de santé tandis que celles du Nord les talonnent. Après trois victoires dans la poule A – contre l'Écosse (29-46), l'Espagne (47-3) et l'Uruguay (39-3) –, les champions du monde en titre sud-africains atteignent les quarts de finale sans être inquiétés. Derrière, l'Écosse tire son épingle du jeu en battant l'Uruguay (43-12) et l'Espagne (48-0). La poule B revient à la Nouvelle-Zélande – vainqueur des Tonga (45-9), de l'Angleterre (16-30) et de l'Italie (101-3) – qui devance les Anglais, tombeurs pour leur part des Azzurri (67-7) et des Tonga (101-10). Dans la poule C, la France se joue du Canada (33-20), de la Namibie (47-13) et des Fidji (28-19), et termine en tête devant les Fidjiens qui étrillent la Namibie (67-18) et dominent les Canucks (38-22). Guère plus de suspense dans une poule E survolée par l'Australie qui bat la Roumanie (57-9), l'Irlande (3-23) et les États-Unis (55-19). Le XV du Trèfle se classe à la deuxième place grâce à ses victoires contre les Eagles (53-8) et la Roumanie (44-14).

Les affiches des trois matchs de barrage, qui se disputent le 20 octobre, sont désormais connues : Angleterre-Fidji, Écosse-Samoa et Argentine-Irlande. À Twickenham, les coéquipiers de l'ouvreur Jonny Wilkinson surclassent les Fidjiens du centre Viliame Satala et du demi d'ouverture Waisale Serevi (45-24). Dans leur ▶

Le talonneur Trevor Leota et les Samoa battent les Gallois dans leur antre du Millennium. Un exploit majeur.

antre de Murrayfield, les Écossais du numéro dix Gregor Townsend ne se laissent pas surprendre par les Samoans (35-20). Et c'est au stade Félix-Bollaert de Lens, dans le nord de la France, que survient le premier exploit de cette Coupe du Monde de Rugby. Donnés outsiders, les Argentins dominent les Irlandais du capitaine Keith Wood (28-24) en marquant le seul essai de la rencontre par l'ailier Diego Albanese. Les Pumas intègrent le top huit de la compétition et signent leur premier coup d'éclat au plan international.

MANO À MANO

L'Australie et le pays de Galles ouvrent le bal des quarts de finale le 23 octobre au Millennium Stadium. Malgré une certaine résistance en première période, les Dragons de la légende Gareth Thomas s'inclinent (9-24) en concédant trois essais sans réussir à en marquer un seul. La charnière des Wallabies, composée de George Gregan (2 essais) et Stephen Larkham, conduit de main de maître sa sélection.

Les autres quarts de finale se tiennent le lendemain. L'Écosse reçoit encore à Murrayfield l'ogre néo-zélandais du capitaine et troisième ligne Taine Randell qui prend le large au score dans le premier quart d'heure par le biais d'un premier essai de l'ailier Tana Umaga rapidement imité par Jeff Wilson à l'arrière. La marche paraît bien trop haute pour les hommes du sélectionneur Jim Telfer. Le flanker Budge Pountney et le numéro quatorze Cameron Murray qui aplatissent derrière la ligne, répondant à deux autres coups de poignards plantés par Umaga et Jonah Lomu à l'aile, leur permettent de sauver l'honneur (18-30).

La France et l'Argentine en décousent à Lansdowne Road et donnent un feu d'artifice offensif en première période : les Bleus marquent trois essais par l'arrière Xavier Garbajosa, l'ailier Philippe Bernat-Salles (0-17 en dix minutes !) et

L'Espagne participe pour la première fois à la compétition. Ici, le flanker José Díaz.

le centre Émile Ntamack, auxquels répondent les Pumas par le numéro neuf Agustín Pichot et le capitaine Lisandro Arbizu. Le mano à mano se poursuit mais les Argentins, épuisés par leur exploit du barrage face à l'Irlande, baissent progressivement le pied, ce dont profitent les Bleus pour forcer leur destin. À la botte parfaite du buteur Christophe Lamaison s'ajoutent deux nouveaux essais de Garbajosa et Bernat-Salles qui tuent le suspense (26-47).

Les Springboks affrontent pour leur part les Anglais au Stade de France. Impressionnante de froideur et de rigidité tactique, l'Afrique du Sud étouffe la bande à Martin Johnson (44-21). Elle n'inscrit pourtant que deux essais par le capitaine Joost van der Westhuizen et par l'ailier Peter Rossouw, mais le XV de la Rose ne trouve que la botte de son ouvreur Paul Grayson pour riposter. Il faut dire que l'un de ses hommes marque l'histoire du rugby lors de cette démonstration de force collective : le demi d'ouverture Jannie de Beer. Tel un métronome, celui qui ne comptera que 13 sélections à l'issue de sa carrière internationale accomplit l'exploit de passer cinq drops en moins de trente minutes sous les yeux d'Anglais médusés ! Un record. Au total, De Beer inscrit 34 points dans ce quart de finale mémorable.

ÉCHANGE DE POLITESSES

En toute logique, eu égard à leur écrasante supériorité jusqu'alors, les trois nations majeures du Sud accèdent aux demi-finales disputées à Twickenham, où s'immisce la France pour la quatrième fois en quatre éditions.

Le 30 octobre, le choc annoncé du dernier carré oppose l'Australie à l'Afrique du Sud, les deux derniers champions du monde. Cette confrontation met également en présence les deux meilleures défenses de la compétition et son scénario semble ainsi écrit d'avance. ▶

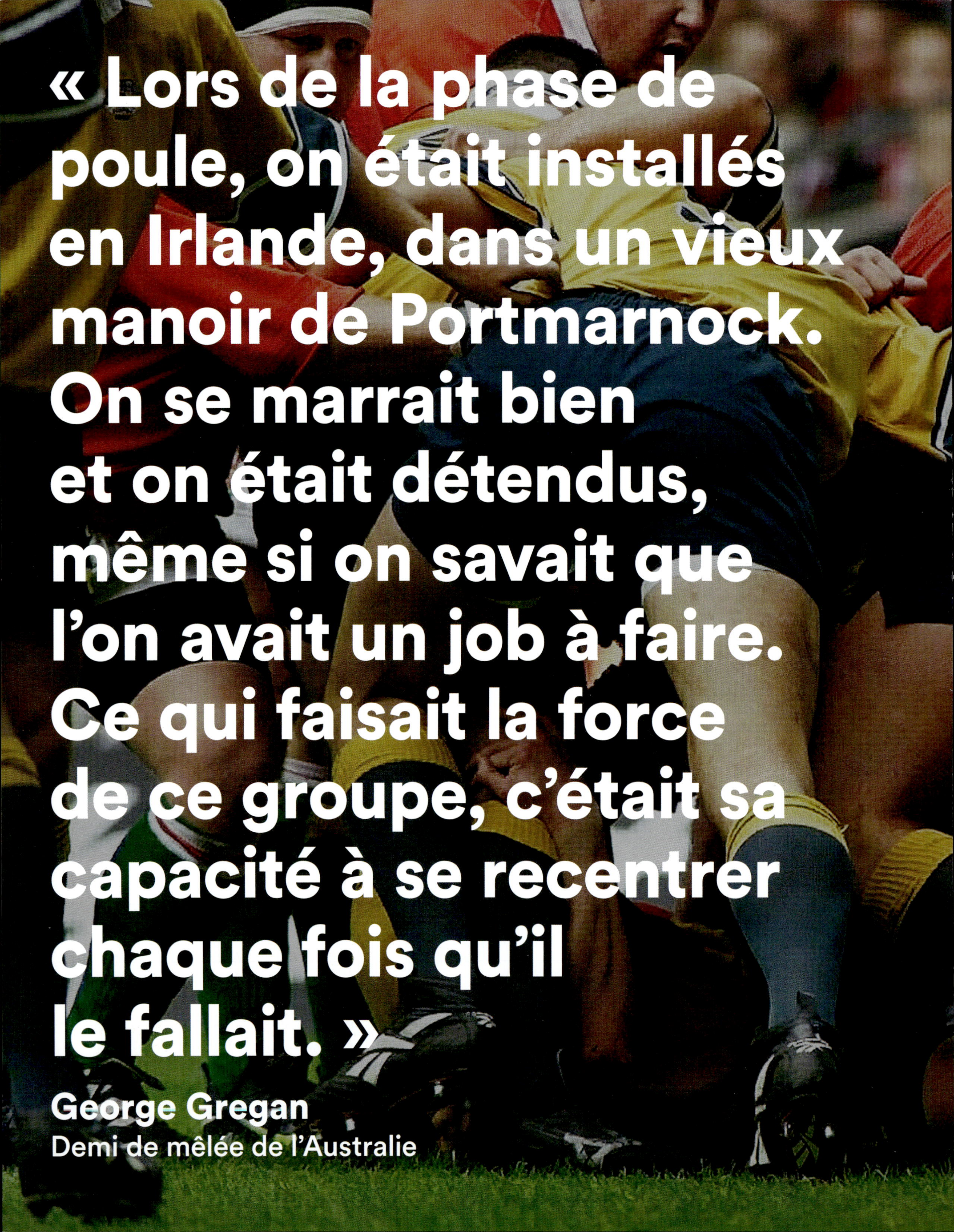

« Lors de la phase de poule, on était installés en Irlande, dans un vieux manoir de Portmarnock. On se marrait bien et on était détendus, même si on savait que l'on avait un job à faire. Ce qui faisait la force de ce groupe, c'était sa capacité à se recentrer chaque fois qu'il le fallait. »

George Gregan
Demi de mêlée de l'Australie

Le maître à jouer George Gregan assure la sortie du ballon devant le pays de Galles.

LE JOUEUR

JOHN EALES
SON NOM EST PERSONNE

Champion du monde 1991, le deuxième ligne double la mise huit ans plus tard avec, cette fois, les galons de capitaine de l'Australie, qu'il portera 60 fois en 86 sélections. Il partage ce succès aux côtés de Dan Crowley (pilier), Tim Horan (centre), Phil Kearns (talonneur) et Jason Little (centre), déjà là en 1991. Si Horan est désigné meilleur joueur de la Coupe du Monde de Rugby 1999, le rôle tenu par le natif de Brisbane est prépondérant. Surnommé « Nobody » parce que *« nobody is perfect »*, il présente la particularité d'être un as en conquête, doublé d'un redoutable buteur. Au cours de sa carrière internationale, il inscrit... 2 essais, 34 pénalités et 31 transformations. Alors que la reine Élisabeth II lui remet le Trophée Webb Ellis, l'Australie, par référendum, rejette la République – pour laquelle le double champion du monde avait milité – afin de rester dans le giron de la couronne britannique.

La prédiction du sélectionneur des Springboks Nick Mallett, quarante-huit heures avant la demi-finale, se réalise, lui qui avait annoncé que son équipe « ne jouerait pas un match très ouvert ». De fait, ses protégés se contentent d'occuper le camp adverse, grâce à De Beer. Objectif : le placer en position de drop, après deux temps de jeu, ou compter sur les pénalités accordées par l'arbitre gallois Derek Bevan. Mais cette fois, l'ouvreur échoue par quatre fois dans son exercice favori. Les Australiens osent davantage, à l'image du centre Tim Horan qui perce le rideau défensif sud-africain à plusieurs reprises. En vain, faute d'un soutien efficace.

Durant quatre-vingts minutes, les deux nations se rendent donc coup pour coup, mais sans inscrire le moindre essai. Matt Burke, l'arrière buteur des Aussies, passe six pénalités, auxquelles répond De Beer (5 pénalités et 1 drop), son ultime but intervenant à la dernière seconde des arrêts de jeu. Les deux équipes se quittent sur le score de 18-18 et il faut jouer la prolongation. Après un nouvel échange de politesses entre les deux artilleurs, Larkham signe son premier drop international (94e) et sape le moral des Springboks, qui offrent à Burke l'occasion d'enfoncer le clou sur pénalité quatre minutes plus tard (27-21 ; a.p.). Les Wallabies sont en finale.

Le lendemain, à la surprise générale, la France balaye la Nouvelle-Zélande (43-31, *lire p. 76*) dans l'un des matchs les plus extraordinaires de l'histoire du jeu. Menés 10-24 au cours de la deuxième période, les Bleus, renversants, infligent 33 points aux All Blacks en une demi-heure. Du jamais-vu.

Deuxième sacre en trois Coupes du Monde de Rugby pour le capitaine australien.

1

LE MATCH

FRANCE-NOUVELLE-ZÉLANDE
FRENCH REMONTADA

Le 31 octobre, le monde du rugby se prépare à voir le XV de France se faire rouler dessus par la Nouvelle-Zélande en demi-finale. D'entrée de jeu, les joueurs managés par Jean-Claude Skrela et Pierre Villepreux impriment pourtant le rythme derrière un pack de fer et un Fabien Galthié inspiré à la mêlée. Christophe Lamaison, numéro dix, ouvre le score sur pénalité. Et si son vis-à-vis Andrew Mehrtens frappe par deux fois en suivant, les Bleus jouent crânement leur chance. Lamaison marque même le premier essai de la rencontre.

Vexée, la Nouvelle-Zélande réagit : l'ailier Tana Umaga récupère une chandelle de Mehrtens, le centre Christian Cullen se trouve au soutien et lance le numéro onze Jonah Lomu qui charge jusque dans l'en-but tricolore. Un quatrième but de Mehrtens assure 7 points d'avance aux All Blacks au repos (10-17). Et même 14 points après un nouvel essai de Lomu, son huitième du tournoi, qui crucifie l'arrière Xavier Garbajosa peu après la reprise (10-24).

La suite appartient à la légende : deux drops et deux pénalités de Lamaison, puis les essais respectifs des trois-quarts Christophe Dominici, Richard Dourthe et Philippe Bernat-Salles éteignent les hommes en noir du coach John Hart. Vainqueur 43-31, la France est en finale. Impensable.

2

Côté tricolore, l'ailier Christophe Dominici (1) et le demi d'ouverture Christophe Lamaison (2) ont mené la vie dure à Jonah Lomu (3).

FEUILLE DE MATCH

Demi-finale
France-Nouvelle-Zélande
43-31
Dimanche 31 octobre 1999
Twickenham (Londres)

POINTS

France

4 essais : Christophe Lamaison, Christophe Dominici, Richard Dourthe, Philippe Bernat-Salles
4 transformations : Christophe Lamaison
3 pénalités : Christophe Lamaison
2 drops : Christophe Lamaison

Nouvelle-Zélande

3 essais : Jonah Lomu (2), Jeff Wilson
2 transformations : Andrew Mehrtens
4 pénalités : Andrew Mehrtens

COMPOSITION

France

15. Xavier Garbajosa, 14. Philippe Bernat-Salles, 13. Richard Dourthe, 12. Émile Ntamack, 11. Christophe Dominici, 10. Christophe Lamaison, 9. Fabien Galthié, 8. Christophe Juillet, 7. Olivier Magne, 6. Marc Lièvremont, 5. Fabien Pelous, 4. Abdelatif Benazzi, 3. Franck Tournaire, 2. Raphaël Ibañez (c), 1. Cédric Soulette
Rempl. : 16. Ugo Mola, 17. Stéphane Glas, 18. Stéphane Castaignède, 19. Arnaud Costes, 20. Olivier Brouzet, 21. Pieter de Villiers, 22. Marc Dal Maso
Coachs : Jean-Claude Skrela et Pierre Villepreux

Nouvelle-Zélande

15. Jeff Wilson, 14. Tana Umaga, 13. Christian Cullen, 12. Alama Ieremia, 11. Jonah Lomu, 10. Andrew Mehrtens, 9. Byron Kelleher, 8. Taine Randell (c), 7. Josh Kronfeld, 6. Reuben Thorne, 5. Robin Brooke, 4. Norm Maxwell, 3. Craig Dowd, 2 Anton Oliver, 1 Carl Hoeft
Rempl. : 16. Daryl Gibson, 17. Justin Marshall, 18. Tony Brown, 19. Andrew Blowers, 20. Royce Willis, 21. Kees Meeuws, 22. Mark Hammett
Coach : John Hart

1999 La finale

Le troisième ligne tricolore Abdelatif Benazzi, pris dans la nasse australienne.

UN DOUBLÉ POUR L'HISTOIRE

C'est un exploit immense pour les Australiens : après leur sacre en 1991, ils soulèvent une fois de plus le Trophée Webb Ellis. Une première dans l'histoire.

LE 6 NOVEMBRE, l'Australie et la France s'affrontent au Millennium Stadium de Cardiff. Les joueurs de l'hémisphère sud promènent leur sérénité, eux qui n'ont encaissé qu'un seul essai – contre les États-Unis – depuis le début du tournoi, tandis que les Bleus sont encore tout à leur émotion de leur exploit de la demi-finale contre les hommes en noir. Vont-ils récidiver ? Ont-ils le jus nécessaire pour terminer la compétition en boulets de canon et inscrire enfin leur nom au palmarès de la Coupe du Monde de Rugby ?

Le début du match, arbitré par le Sud-Africain André Watson, s'avère équilibré. Deux pénalités de l'ouvreur Christophe Lamaison d'un côté, deux de l'arrière Matt Burke de l'autre. La France tente d'entreprendre, à l'image de ce surnombre joué par le demi de mêlée Fabien Galthié, un quatre contre trois d'école à la sortie d'un regroupement éteint par un en-avant du centre Émile Ntamack. Au terme d'une autre action, le deuxième ligne Abdelatif Benazzi se voit refuser un essai pour un nouvel en-avant. Les Wallabies défendent merveilleusement et dégagent une impression de force tranquille : pas un plaquage manqué, une organisation collective sans faille, un replacement de tous les instants, ce qui en dit long sur leur forme physique. Patiemment, ils poussent leurs adversaires à la faute et Burke ajoute deux pénalités qui donnent aux siens un avantage de 6 points au repos (12-6).

Une semaine auparavant, les Français sont revenus de plus loin pour battre la Nouvelle-Zélande, et c'est à peu près le seul repère auquel ils peuvent se raccrocher. Mais cette fois, il n'en sera rien. Après deux nouvelles pénalités inscrites de part et d'autre, la nation du Sud mène toujours à l'heure de jeu (18-12). Les Bleus ne renoncent pas mais ne trouvent aucune ouverture dans le rideau défensif adverse. En réalité, ils faiblissent, presque imperceptiblement. Les Aussies ont maintenant la mainmise sur la finale. Le demi de mêlée George Gregan joue 66 ballons, Galthié puis Stéphane Castaignède, qui le remplace, seulement 47. Les Australiens possèdent le ballon pendant 26 minutes et 35 secondes, les Français, 10 minutes de moins. Le travail d'usure finit par payer. ▶

FEUILLE DE MATCH

Australie-France
35-12
Samedi 6 novembre 1999
Millennium (Cardiff)

POINTS

Australie
2 essais : Ben Tune, Owen Finegan
2 transformations : Matt Burke
7 pénalités : Matt Burke

France
4 pénalités : Christophe Lamaison

COMPOSITION

Australie
15. Matt Burke, 14. Ben Tune, 13. Dan Herbert, 12. Tim Horan, 11. Joe Roff, 10. Stephen Larkham, 9. George Gregan, 8. Toutai Kefu, 7. David Wilson, 6. Matt Cockbain, 5. John Eales (c), 4. David Giffin, 3. Andrew Blades, 2. Michael Foley, 1. Richard Harry
Rempl. : 16. Jason Little, 17. Nathan Grey, 18. Chris Whitaker, 19. Mark Connors, 20. Owen Finegan, 21. Dan Crowley, 22. Jeremy Paul
Coach : Rod Macqueen

France
15. Xavier Garbajosa, 14. Philippe Bernat-Salles, 13. Richard Dourthe, 12. Émile Ntamack, 11. Christophe Dominici, 10. Christophe Lamaison, 9. Fabien Galthié, 8. Christophe Juillet, 7. Olivier Magne, 6. Marc Lièvremont, 5. Fabien Pelous, 4. Abdelatif Benazzi, 3. Franck Tournaire, 2. Raphaël Ibañez (c), 1. Cédric Soulette
Rempl. : 16. Ugo Mola, 17. Stéphane Glas, 18. Stéphane Castaignède, 19. Arnaud Costes, 20. Olivier Brouzet, 21. Pieter de Villiers, 22. Marc Dal Maso
Coachs : Jean-Claude Skrela et Pierre Villepreux

Reebok
JP

GRANDS ANIMATEURS

Après un nouveau but de Burke, qui offre un minibreak à ses partenaires (21-12), Olivier Magne tente de surprendre les Wallabies, de rompre la fatalité de cette finale en jouant le renvoi pour lui-même, mais le ballon ne parcourt pas 10 mètres et le troisième ligne des Bleus ne peut s'en saisir. Les Océaniens mettent alors la main sur le cuir, enclenchent un enchaînement d'une soixantaine de mètres avec Gregan et le centre Tim Horan en grands animateurs, qui se conclut en bout de ligne par l'essai de l'ailier Ben Tune. Avec la transformation de Burke, les Wallabies s'envolent (28-12). Le deuxième essai aussie survient dans les arrêts de jeu : après une conquête en touche, le troisième ligne remplaçant Owen Finegan, servi par une chistera de Chris Whitaker, tout juste rentré à la mêlée, s'arrache, échappe à tous les plaquages tricolores et s'enfonce au cœur de la défense. Inarrêtable (35-12).

L'Australie devient la première nation à obtenir un deuxième titre mondial. Cette consécration doit beaucoup à la méthode de Rod Macqueen, qui avait pris les rênes de la sélection en septembre 1997. « Comme le rugby à XV était encore peu auparavant amateur, nous avons dû passer par un processus plus proche de la révolution que de l'évolution, expliquera-t-il plus tard. Il fallait tout mettre en place très rapidement. » Il s'entoure à l'époque d'un adjoint, Tim Lane, et d'un spécialiste de la défense, John Muggleton. Le pôle médical qu'il crée établit un programme individualisé pour chaque joueur sélectionnable. Il regroupe ses internationaux quatre mois dans l'année près de Brisbane. Pour construire son jeu, il s'appuie sur la charnière Gregan-Larkham qu'il avait sous ses ordres lorsqu'il entraînait les Brumbies. Macqueen est récompensé une première fois lorsque sa formation inflige une sévère défaite aux All Blacks lors du Tri Nations 1999 (28-7). On connaît la suite. ■

Ce second titre installe l'Australie tout en haut de la hiérarchie mondiale.

20

03

2003 LE TOURNOI

Pour sa deuxième Coupe du Monde de Rugby, l'Uruguay s'appuie sur le pilier Pablo Lemoine.

LE MONDE À L'ENVERS

Seize ans, cinq éditions et trois finales perdues plus tard, une nation européenne est enfin championne du monde. Chapeau bas à l'Angleterre !

LA FORMULE, après tout, a déjà fait ses preuves. En janvier 1998, en actant le retour de la Coupe du Monde de Rugby dans l'hémisphère sud, l'International Rugby Board (IRB) cède autant au souvenir des jours heureux qu'aux valeurs sûres : comme en 1987, l'instance confie l'organisation de l'édition 2003 à l'Australie et à la Nouvelle-Zélande. En mars 2002, à dix-huit mois du match d'ouverture, la formule est toutefois bouleversée : en raison de désaccords avec la fédération néo-zélandaise sur les modalités d'organisation liées au cahier des charges, l'IRB invite l'Australie à présenter une candidature unique, sitôt acceptée. Scénario idéal pour les Aussies, champions du monde en titre, qui ont l'occasion d'asseoir leur suprématie à domicile en accrochant une troisième étoile (1991 et 1999). Mais si leur statut de favoris s'écrit un peu plus en lettres dorées, c'est surtout une question de principe liée à la suprématie des nations du Sud dans la compétition (100 % des trophées soulevés), accentuée par la trame des éditions organisées dans leur partie du globe : à chaque fois, le pays hôte s'est imposé dans son antre – l'Eden Park pour les hommes en noir en 1987 et l'Ellis Park pour les Sud-Africains en 1995...

Sur le terrain, les Australiens, tout champions du monde qu'ils sont, se montrent sur courant alternatif : victoires en Argentine (6-17) et en Italie (3-34), revers en Irlande (18-9) et défaite de 1 point en Angleterre (32-31) en novembre 2002 ; succès à domicile contre l'Irlande (45-16) et le pays de Galles (30-10), mais aussi claque contre l'Angleterre (14-25) en juin 2003... Bien sûr, la Nouvelle-Zélande, même dépossédée de l'organisation, apparaît aussi candidate naturelle au titre suprême. Alors que l'Afrique du Sud, huit ans après son titre mondial, semble traverser une crise sans fin avec la dernière place du Tri Nations de 2000 à 2003, tous les indicateurs pointent les All Blacks après leur victoire dans le Tri Nations 2003, Grand Chelem en prime.

Pour ses rivaux du Nord, la peur du noir est moins prégnante : en novembre 2002, l'Angleterre a dominé les All Blacks (31-28) et les Français, eux, ont concédé un nul malheureux (20-20). En juin 2003, le XV de la Rose s'est même imposé à Wellington (13-15). Un succès comme l'ultime signe annonciateur de l'entrée de la Coupe du Monde de Rugby dans une nouvelle ère : celle des nations de l'hémisphère nord décomplexées. L'Angleterre en est la chef de file sur la lancée de son Grand Chelem 2003, le douzième de son histoire ; l'Irlande (4 victoires ▶

EN BREF

Pays hôte : Australie
10 octobre – 22 novembre 2003
20 équipes (89 durant les qualifications)
1 837 547 spectateurs au total
48 matchs joués
Podium : 1. Angleterre / 2. Australie / 3. Nouvelle-Zélande
Meilleur réalisateur : Jonny Wilkinson (ANG) : 113 points
Meilleurs marqueurs : Doug Howlett (NZL) et Mils Muliaina (NZL) : 7 essais

dans le Tournoi des Six Nations) l'outsider ; comme la France (3 victoires), élue équipe de l'année 2002 par l'IRB, mais moins sûre de ses forces après une tournée d'été décevante avec deux défaites en Argentine.

Comme en 1999, 20 équipes sont en lice avec, cette fois, une formule simplifiée : quatre poules de cinq équipes et les deux premiers en quarts de finale, exit les matchs de barrage.

SANS PITIÉ

La Coupe du Monde de Rugby s'ouvre le 10 octobre au Stadium Australia : l'Australie, pays hôte, ne rate pas son entrée et s'empare de la première place de la poule A en dominant l'Argentine (24-8). Le lendemain, l'Irlande balaie la Roumanie (45-17) pour lui ravir. Le début d'un chemin de croix pour les Roumains, également emprunté par la Namibie, plus faible équipe du groupe. Les Wallabies, sans pitié, s'imposent 142-0, avec 22 essais contre les Welwitschias. Le match à trois qui se dessine vire au duel après le court succès de l'Irlande devant l'Argentine (15-16), cruellement éliminée. Le 1er novembre, au Docklands Stadium de Melbourne, Australiens et Irlandais s'affrontent pour la première place : cette fois, pour 1 point, les Aussies l'arrachent (17-16).

Dans la poule B, en revanche, pas besoin de photo-finish : le XV de France est au-dessus du lot. Son entrée en lice contre les Fidji est réussie (61-18), la suite est fluide. Le Japon, futur dernier, est refoulé (51-29). Pour le match contre l'Écosse, l'ailier Xavier Garbajosa remet les maillots puis quitte l'Australie, genou trop douloureux. Le lendemain, ses coéquipiers lui font honneur avec la plus large victoire de l'histoire contre le XV du Chardon (51-9). Les États-Unis sont pareillement assommés (41-14). La deuxième place échoue ▶

Le trois-quarts américain Mose Timoteo, opposé au XV de France le 31 octobre 2003.

aux Écossais à la faveur d'une victoire heureuse face aux Fidji (22-20) lors du dernier match de poule.

Dans la poule C, il n'y a là aussi qu'un patron : l'Angleterre qui, après n'avoir fait qu'une bouchée de la Géorgie (84-6), étouffe l'Afrique du Sud (6-25), calme les Samoa (35-22) non sans quelques frayeurs et s'amuse contre l'Uruguay (111-13). Pour les Uruguayens, l'essentiel est assuré quelques jours plus tôt avec une victoire contre la Géorgie (12-24) qui leur permet d'échapper au statut de lanterne rouge. Les Sud-Africains, battus pour la première fois en phase de poule, assurent la qualification en dominant sans trembler les Samoa (60-10). À l'horizon, il y a toutefois une confrontation avec la Nouvelle-Zélande en quart de finale…

Car qui d'autre que les joueurs à la fougère dans cette poule D ? Ils traversent cette phase comme sur un nuage : quatre victoires (Italie, Canada, Tonga et pays de Galles, dans cet ordre) d'une ampleur phénoménale, avec 70 points de moyenne par match, conséquence des 42 essais inscrits par 17 joueurs différents. Seule ombre au tableau, la lourde blessure dès le premier match du centre Tana Umaga. En remportant le match au parfum de Tournoi des Six Nations contre l'Italie (15-27), les Gallois s'invitent en quart de finale. Les Tongiens, eux, descendent à la cave avec quatre défaites.

VERDICT ATTENDU

L'invincibilité des Springboks contre les All Blacks en Coupe du Monde de Rugby ne résiste pas à ce quart de finale. Dans le sillage du génial ouvreur Carlos Spencer, les Néo-Zélandais donnent une leçon que le score ne traduit pas : 29-9. Les Australiens, eux, n'éblouissent pas autant contre l'Écosse, mais ils sont au rendez-vous

Quart de finale Nouvelle-Zélande-Afrique du Sud. Jerry Collins charge l'ailier sud-africain Ashwin Willemse.

(33-16). « Sans bien jouer, nous sommes en demi-finale », sourit le demi de mêlée et capitaine George Gregan.

Les deux autres quarts, 100 % européens, offrent davantage de spectacle. Face à des Gallois très ambitieux, les Anglais ont douté. Menés 3-10 à la mi-temps en ayant encaissé deux essais, ils finissent par corriger le tir grâce à leurs avants pour s'imposer 28-17 et s'inviter dans le dernier carré.

Ce sera face au rival historique, le XV de France, tombeur épatant de l'Irlande (43-21, *lire p. 92*). Pas encore le match parfait pour les Bleus – 13 pénalités concédées, 19 ballons perdus –, mais cette performance face à un adversaire légitime fait naître de grands espoirs. Sans le deuxième ligne Olivier Brouzet, blessé à l'épaule et forfait, plus dure sera pourtant la chute.

Comme en 1991, les deux demi-finales mettent aux prises des nations d'un même hémisphère. Celle du Sud accouche d'une sensation : la victoire nette des Aussies sur les Néo-Zélandais (10-22), maudits en Coupe du Monde de Rugby depuis leur sacre de 1987. « Quatre ans de plus à patienter », nargue l'Australien Gregan. Il peut être narquois : pour la première fois dans l'histoire de la compétition, une nation dispute deux finales de rang.

Celle du Nord rend le verdict attendu : l'Angleterre, détentrice du trophée du Six Nations 2003, triomphe. Plus étrange à ce niveau de compétition : elle le fait sans avoir besoin de toucher au sublime. Si la France arrive sur la lancée de ses promesses, elle a le mauvais goût de proposer le pire match de sa campagne mondiale (7-24). Des Tricolores dont l'enthousiasme est douché par la pluie de Sydney, triste parallèle avec la demi-finale de Durban en 1995. Le déluge ruine tous les projets français, déboussole son chef d'orchestre, l'ouvreur Frédéric Michalak, ▶

RUGBY
WORLD CUP
2003

et noie les bonnes résolutions. À quatorze contre quinze pendant vingt minutes avec les cartons jaunes infligés à l'ailier Christophe Dominici et au flanker Serge Betsen, les Bleus, enfermés dans leur camp, s'exposent aux châtiments du buteur anglais Jonny Wilkinson, et sont incapables de marquer après la 10ᵉ minute et l'essai de Betsen qui répond à un drop de Wilkinson. Réalisme implacable et fin d'aventure. Fin de l'histoire, surtout, pour le demi de mêlée et capitaine Fabien Galthié qui raccroche sur cette note amère.

Pendant que l'Australie et l'Angleterre préparent leurs retrouvailles en finale, comme en 1991, les Bleus et les All Blacks, quatre ans après le chef-d'œuvre de Twickenham en demi-finale de la Coupe du Monde de Rugby 1999, se retrouvent pour une petite finale. Les Français, cette fois, n'ont pas les ressources pour l'exploit. Menés 14-6 à la mi-temps, ils reviennent brièvement après un essai de l'arrière agenais Pépito Elhorga, tout juste rentré d'un aller-retour dans l'Hexagone pour assister aux obsèques de son père. Seulement, les hommes en noir accélèrent pour les pousser à la rupture et l'emporter (40-13). Une défaite historique : pour la première fois, les Bleus perdent deux matchs de suite dans une Coupe du Monde de Rugby.

Mais la belle légende, c'est bien l'Angleterre du capitaine Martin Johnson qui y prétend en défiant le lendemain l'Australie en finale… ■

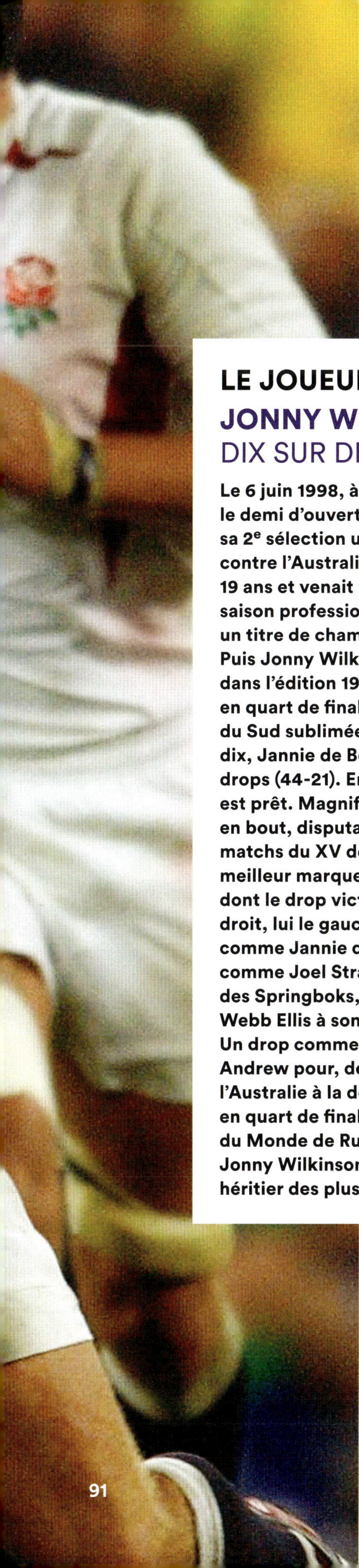

LE JOUEUR

JONNY WILKINSON

DIX SUR DIX

Le 6 juin 1998, à Brisbane, le demi d'ouverture a vécu pour sa 2ᵉ sélection une humiliation contre l'Australie : 76-0. Il avait 19 ans et venait pour sa première saison professionnelle de décrocher un titre de champion d'Angleterre. Puis Jonny Wilkinson a appris dans l'édition 1999, achevée en quart de finale contre l'Afrique du Sud sublimée par son numéro dix, Jannie de Beer, auteur de cinq drops (44-21). En 2003, l'Anglais est prêt. Magnifique de bout en bout, disputant six des sept matchs du XV de la Rose pour finir meilleur marqueur avec 113 points, dont le drop victorieux du pied droit, lui le gaucher. Un drop comme Jannie de Beer. Un drop comme Joel Stransky, l'ouvreur des Springboks, offrant le Trophée Webb Ellis à son pays en 1995. Un drop comme son mentor Rob Andrew pour, déjà, terrasser l'Australie à la dernière minute en quart de finale de la Coupe du Monde de Rugby 1995 (25-22). Jonny Wilkinson, définitivement héritier des plus grands.

Tête pensante du XV de la Rose, Jonny Wilkinson l'a conduit au sacre ultime.

1

2

LE MATCH
FRANCE-IRLANDE
LA PARADE TRICOLORE

Invaincu contre l'Irlande entre 1984 et 1999, le XV de France n'est pourtant pas spécialement en confiance au moment de retrouver l'Irlande au Telstra Dome de Melbourne en quart de finale de la Coupe du Monde de Rugby : il compte trois défaites lors de leurs quatre dernières confrontations, la dernière d'un souffle dans le Tournoi des Six Nations 2003 à Dublin (15-12).

Lors de ce 79e duel de l'histoire entre les deux équipes, remake d'un quart de finale de la Coupe du Monde de Rugby 1995 (victoire tricolore 36-12), les Bleus n'ont jamais tremblé. Ils mènent 7-0 après trois minutes de jeu grâce à un essai du troisième ligne Olivier Magne, magnifique pour conclure une attaque d'école. Le signe annonciateur d'une démonstration : 37-0 à la 47e ; 43-21 au tableau d'affichage final.

Un match spectaculaire, parfait symbole de cette édition placée sous le signe de l'offensive. D'autant plus beau qu'il met aux prises deux grandes nations quand d'autres rencontres prolifiques n'ont fait qu'interpeller sur le fossé qui s'est créé entre les favoris et leurs aspirants.

Le demi de mêlée Fabien Galthié (1), les troisièmes lignes Olivier Magne et Imanol Harinordoquy (3), sans oublier le centre Yannick Jauzion (2) : la recette gagnante du XV de France.

3

FEUILLE DE MATCH

Quart de finale
France-Irlande
43-21
Dimanche 9 novembre 2003
Docklands Stadium (Melbourne)

POINTS

France

4 essais : Olivier Magne, Christophe Dominici, Imanol Harinordoquy, Jean-Jacques Crenca
4 transformations : Frédéric Michalak
5 pénalités : Frédéric Michalak

Irlande

3 essais : Kevin Maggs, Brian O'Driscoll (2)
3 transformations : David Humphreys

COMPOSITION

France

15. Nicolas Brusque, 14. Aurélien Rougerie, 13. Tony Marsh, 12. Yannick Jauzion, 11. Christophe Dominici, 10. Frédéric Michalak, 9. Fabien Galthié (c), 8. Imanol Harinordoquy, 7. Olivier Magne, 6. Serge Betsen, 5. Jérôme Thion, 4. Fabien Pelous, 3. Sylvain Marconnet, 2. Raphaël Ibañez, 1. Jean-Jacques Crenca
Rempl. : 16. Yannick Bru, 17. Olivier Milloud, 18. Olivier Brouzet, 19. Patrick Tabacco, 20. Gérald Merceron, 21. Brian Liebenberg, 22. Pépito Elhorga
Coach : Bernard Laporte

Irlande

15. Girvan Dempsey, 14. Shane Horgan, 13. Brian O'Driscoll, 12. Kevin Maggs, 11. John Kelly, 10. Ronan O'Gara, 9. Peter Stringer, 8. Victor Costello, 7. Keith Gleeson, 6. Simon Easterby, 5. Paul O'Connell, 4. Malcolm O'Kelly, 3. John Hayes, 2. Keith Wood (c), 1. Reggie Corrigan
Rempl. : 16. Shane Byrne, 17. Marcus Horan, 18. Donncha O'Callaghan, 19. Eric Miller, 20. Guy Easterby, 21. David Humphreys, 22. Anthony Horgan
Coach : Eddie O'Sullivan

2003

LA FINALE

Le numéro dix anglais a fait de son pied gauche une arme redoutable.

L'ÉTOILE DU NORD

Un drop de Jonny Wilkinson dans la prolongation et le XV de la Rose monte sur la première marche du podium. Une belle revanche sur la finale 1991.

UN REMAKE, douze ans après. Et une fin en miroir dans l'hémisphère sud. En 1991, l'Angleterre et l'Australie s'affrontaient en finale à Londres, les invités gâchaient la fête. En 2003, en finale à Sydney, l'Australie se méfie de l'Angleterre, de ses désirs de conquête et de revanche. Elle a beau être championne du monde en titre, elle a beau avoir noté dans un sourire que l'arbitre est le même que quatre ans plus tôt – le Sud-Africain André Watson –, elle peut certes compter sur un stade acquis à sa cause avec une affluence record (82 957 spectateurs), elle affronte l'Angleterre de Clive Woodward.

Un homme dont l'enfance fut éblouie par la victoire des Three Lions lors de la Coupe du Monde de Football 1966 et qui s'était juré de réussir l'équivalent avec le XV de la Rose. Un sélectionneur qui, après avoir tâtonné lors de la première année ayant suivi son intronisation en novembre 1997, a créé un environnement ultraprofessionnel pour baliser le chemin jusqu'au Trophée Webb Ellis. Woodward, comme l'architecte d'une montée en puissance implacable : son équipe, avant de disputer cette finale, a gagné 41 de ses 46 matchs depuis la dernière Coupe du Monde de Rugby…

De quoi se rendre hermétique aux doutes. Même quand l'Australie enflamme cette finale avec un premier essai dès la 6e minute, inscrit par son ailier Lote Tuqiri, captant dans l'en-but et devant son vis-à-vis Jason Robinson une chandelle de son demi d'ouverture Stephen Larkham… Les Britanniques restent calmes, appliqués, déterminés et, surtout, fidèles à leur plan : clés du jeu confiées aux huit avants, chargés de perturber les lancements adverses, et rigueur absolue en défense. Ils savent aussi pouvoir compter sur un buteur fiable pour recoller : l'ouvreur Jonny Wilkinson ne les trahit pas en convertissant trois pénalités pour mener 5-9 à la 28e.

Les Wallabies, qui ont vu leur centre et buteur Elton Flatley rater deux tentatives, prennent alors définitivement la mesure du poids que revêt chaque erreur. Leurs rivaux guettent dans l'ombre, prêts à piquer. La preuve avant la mi-temps : après une échappée du numéro huit Lawrence Dallaglio, Wilkinson assure le relais pour envoyer Robinson à l'essai à la 38e (5-14). Si l'Australie a conscience du piège dans lequel elle s'enferre, elle a aussi l'intelligence et la capacité de proposer un autre projet de jeu pour ▶

FEUILLE DE MATCH

Australie-Angleterre
17-20
Samedi 22 novembre 2003
Stadium Australia (Sydney)

POINTS

Australie
1 essai : Lote Tuqiri
4 pénalités : Elton Flatley

Angleterre
1 essai : Jason Robinson
4 pénalités : Jonny Wilkinson
1 drop : Jonny Wilkinson

COMPOSITION

Australie
15. Mat Rogers, 14. Wendell Sailor, 13. Stirling Mortlock, 12. Elton Flatley, 11. Lote Tuqiri, 10. Stephen Larkham, 9. George Gregan (c), 8. David Lyons, 7. Phil Waugh, 6. George Smith, 5. Nathan Sharpe, 4. Justin Harrison, 3. Al Baxter, 2. Brendan Cannon, 1. Bill Young
Rempl. : 16. Jeremy Paul, 17. Matt Dunning, 18. David Giffin, 19. Matt Cockbain, 20. Chris Whitaker, 21. Matt Giteau, 22. Joe Roff
Coach : Eddie Jones

Angleterre
15. Josh Lewsey, 14. Jason Robinson, 13. Will Greenwood, 12. Mike Tindall, 11. Ben Cohen, 10. Jonny Wilkinson, 9. Matt Dawson, 8. Lawrence Dallaglio, 7. Neil Back, 6. Richard Hill, 5. Ben Kay, 4. Martin Johnson (c), 3. Phil Vickery, 2. Steve Thompson, 1. Trevor Woodman
Rempl. : 16. Dorian West, 17. Jason Leonard, 18. Martin Corry, 19. Lewis Moody, 20. Kyran Bracken, 21. Mike Catt, 22. Iain Balshaw
Coach : Clive Woodward

RUGBY
2003

répondre au défi. Démonstration en deuxième mi-temps.

SOUS PRESSION

Oubliée la recherche des extérieurs : les locaux se mettent à jouer au ras, en envoyant notamment le puissant centre Stirling Mortlock défier la défense british. Acculés dans leur camp, chassés par une troisième ligne plus agressive, les Anglais jouent non plus pour marquer, mais pour survivre. Ils ne craquent pas, mais offrent des munitions sur des petites fautes qui permettent aux Aussies de revenir : après deux premières pénalités pour réduire l'écart (47e et 61e), Flatley, juste avant le coup de sifflet final, égalise (14-14). Pour la seconde fois après 1995, une finale de la Coupe du Monde de Rugby va en prolongation.

L'enjeu crispe les hommes, y compris le pilier Jason Leonard qui entre pour jouer un 22e match de Coupe du Monde de Rugby, record absolu. Deux fois dix minutes d'une tension folle qui accouchent surtout d'erreurs et de fautes. Wilkinson remet les siens devant à la 82e (14-17), Flatley égalise encore une fois dans les ultimes secondes (17-17). Mais sur le renvoi, le XV de la Rose met les Wallabies sous pression et l'arrière Mat Rogers concède une touche à moins de 30 mètres de la ligne australienne. Les Anglais récupèrent, se placent comme si Wilkinson allait tenter le drop, mais le demi de mêlée Matt Dawson s'échappe pour gagner 20 mètres.

Au relais, le capitaine Martin Johnson fixe les Aussies d'une ultime percussion : Dawson peut ressortir le ballon pour le drop de Wilkinson. Préalablement trois fois mis en échec sur ce geste dans cette finale, il trouve la cible. Son septième drop de la compétition, celui en or. Il reste vingt-six secondes à jouer, une réception à assurer. Mike Catt, numéro vingt et un dans le dos, peut dégager en touche. L'ultime étape d'un plan parfait. Et historique : une nation du Nord grave enfin son nom au pied du Trophée Webb Ellis. ■

La joie des Anglais emmenés par Clive Woodward, qui a su créer une équipe tout-terrain.

20

07

2007 LE TOURNOI

Le Canada s'est qualifié pour toutes les Coupes du Monde de Rugby entre 1987 et 2019.

À GUICHETS FERMÉS

L'édition 2007 n'a pas seulement rempli les stades de l'Hexagone, elle a aussi consolidé le statut du rugby sur la scène internationale.

AU TOUR DE LA FRANCE d'organiser la sixième édition de la Coupe du Monde de Rugby. Les sites retenus sont les mêmes que ceux utilisés pour la Coupe du Monde de Football 1998 : Bordeaux, Lens, Lyon, Marseille, Montpellier, Nantes, Paris, Saint-Denis, Saint-Étienne et Toulouse. Quatre rencontres se trouvent délocalisées à Cardiff et deux autres à Édimbourg.

Vingt équipes participent au tournoi. Les huit quart de finalistes de 2003 sont qualifiés d'office : l'Afrique du Sud, l'Angleterre, l'Australie, l'Écosse, la France, l'Irlande, la Nouvelle-Zélande et le pays de Galles. Les douze autres nations proviennent des compétitions continentales de qualification : une seule d'entre elles, le Portugal, effectue ses grands débuts dans la compétition. La formule de l'édition 2003 est conservée : les équipes sont réparties en quatre poules de cinq et les deux premiers de poule accèdent au tableau final. Seule nouveauté : les trois premières nations de chaque poule seront qualifiées pour l'édition 2011.

CAVALIER SEUL

Le 7 septembre, en ouverture, la France accueille l'Argentine au Stade de France sous la férule de l'arbitre anglais Tony Spreadbury, le match de la peur pour les Bleus qui restent sur quatre défaites lors de leurs cinq dernières confrontations face aux Pumas. Pour la troisième fois d'affilée, les joueurs sud-américains affrontent l'hôte du tournoi lors du premier match de la Coupe du Monde de Rugby. Battus par les Gallois en 1999 (23-18), puis par l'Australie en 2003 (24-8), ils frappent cette fois un grand coup. D'abord au cours d'une première période menée tambour battant, qui les voit atteindre la pause avec une avance confortable après un essai de l'arrière Ignacio Corleto et quatre pénalités du centre Felipe Contepomi (9-17). Sans ressort, les Bleus demeurent incapables de combler leur retard en deuxième période et s'inclinent (12-17).

Au-dessus du lot, l'Argentine confirme face à la Géorgie (33-3), la Namibie (63-3) et l'Irlande (15-30), termine en tête de la poule D et s'affirme comme une nation qui compte désormais dans le cénacle international. Les victoires des Bleus contre la Namibie (87-10), le XV du Trèfle (25-3) et la Géorgie (64-7) leur permettent de se qualifier pour les quarts. ▶

EN BREF

Pays hôte : France
7 septembre – 20 octobre 2007
20 équipes (94 durant les qualifications)
48 matchs joués
2 245 731 spectateurs au total
Podium : 1. Afrique du Sud / 2. Angleterre / 3. Argentine
Meilleur réalisateur : Percy Montgomery (AFS) : 105 points
Meilleur marqueur : Bryan Habana (AFS) : 8 essais

Dans la poule A, l'Afrique du Sud fait cavalier seul : elle domine les Samoa (59-7), l'Angleterre (0-36), les Tonga (30-25) et les États-Unis (64-15). Les joueurs du XV de la Rose, champions du monde en titre, qui ont encaissé le premier « fanny » de leur histoire en Coupe du Monde de Rugby et sont privés de leur demi d'ouverture Jonny Wilkinson au début de la compétition, sauvent les meubles en battant les Eagles (28-10), les Samoa (44-22) et les Tonga (36-20).

À l'instar des Sud-Africains, l'Australie réussit un carton plein dans la poule B : elle surclasse le Japon (91-3) et les Fidji (55-12), domine le pays de Galles (20-32) et le Canada (37-6). Derrière elle, les Flying Fijians créent la surprise de ce premier tour en se hissant à la deuxième place, en s'imposant difficilement face aux Brave Blossoms (31-35) et aux Canucks (29-16), puis en signant un exploit contre les Diables rouges (34-38, *lire p. 110*).

La poule C, elle, donne lieu à un festival offensif de la Nouvelle-Zélande qui écrase l'Italie (76-14), le Portugal (108-13), l'Écosse (0-40) et la Roumanie (85-8). Le XV du Chardon termine à la deuxième place grâce à ses succès contre le Portugal (56-10), la Roumanie (42-0) et l'Italie (18-16) – d'extrême justesse et par la seule botte de son buteur Chris Paterson qui dispute sa troisième Coupe du Monde de Rugby. Quelques mois plus tôt, dans le Tournoi des Six Nations 2007, les Transalpins avaient corrigé les Écossais, entraînés par Frank Hadden, à Murrayfield (17-37 ; 24 février).

YEUX DANS LES YEUX

Finalement, les quatre nations du Sud mènent la danse à l'issue de la phase de poule. Le tableau des quarts de finale est désormais connu : Australie-Angleterre, Nouvelle-Zélande-France, Afrique du Sud-Fidji et Argentine-Écosse. ▶

Pour la première fois, les Samoa et les Tonga s'affrontent dans la compétition suprême.

KooGa
MADE FOR RUGBY
IRB
RUGBY
WORLD CUP
2007

Le 6 octobre, au stade de Marseille, le sentiment de revanche des Australiens est exacerbé contre ceux qui les ont privés d'un sacre à domicile en 2003. « Peu importe que ce soit du cricket, du rugby à XV ou du rugby à XIII, nous haïssons tous l'Angleterre… » annonce John O'Neill, le président de la fédération australienne, dans la semaine précédant le match. De son côté, Brian Ashton, le coach british, fait le pari de l'expérience en alignant le quinze de départ avec la moyenne d'âge la plus élevée de l'histoire de la Coupe du Monde de Rugby (31 ans et 358 jours). Pari gagnant. Car si les Wallabies basculent en tête à la mi-temps grâce à un essai de l'ailier Lote Tuqiri (10-6), ils explosent en mêlée fermée. Cette faiblesse donne des munitions à Wilkinson qui permet aux siens de repasser en tête et de se qualifier pour les demi-finales (10-12).

Ce même jour, à Cardiff, la Nouvelle-Zélande affronte la France. Les Bleus, alignés sur la ligne médiane, yeux dans les yeux des All Blacks, défient le haka. Ils n'ont plus battu les coéquipiers de l'ouvreur Dan Carter depuis sept ans (42-33 ; 18 novembre 2000). Ces derniers prennent d'ailleurs le large dans la première demi-heure (13-0), essai du centre Luke McAlister à la clé. Mais, comme à Twickenham en 1999, les Tricolores renversent la vapeur, marquant deux essais par le flanker Thierry Dusautoir et le centre Yannick Jauzion en deuxième période. Ils s'imposent (18-20) avec 29 % de possession du ballon et en ayant passé deux minutes et sept secondes seulement dans les 22 mètres des hommes en noir.

Le 7 octobre, à Marseille, l'Afrique du Sud se méfie des imprévisibles Fidjiens. Et pour cause : si les Springboks frappent les premiers par trois essais du centre Jaque Fourie, du talonneur John Smit et de l'ailier JP Pietersen (20-6 ; 51e), ils voient les îliens fondre sur eux en un tournemain après deux essais signés des ailiers Vilimoni

Le capitaine portugais
Vasco Uva sonne la charge
face au XV de l'Uruguay.

Delasau et Sireli Bobo (20-20 ; 59e). Mais les hommes alignés par l'entraîneur Jake White, qui présente ce jour-là le quinze de départ le plus expérimenté de l'histoire des Springboks (596 capes), font parler leur expérience. Et après deux nouveaux essais du flanker Juan Smith et de l'ouvreur Butch James, ils gagnent leur ticket pour l'étape suivante (37-20).

Au Stade de France, l'Argentine, révélation de l'édition 2007, poursuit sa route en écartant l'Écosse (19-13) et décroche sa place dans le dernier carré pour la première fois. À noter aussi : les Pumas sont les seuls quart de finalistes à ne pas avoir été punis d'un carton jaune depuis le début du tournoi.

OPPOSITION INÉDITE

Les demi-finales proposent deux superbes affiches au Stade de France : Angleterre-France et Afrique du Sud-Argentine, une opposition inédite.

Le 13 octobre, Bernard Laporte, le sélectionneur tricolore, et son homologue anglais Ashton reconduisent les mêmes 22 héros des quarts de finale. Un air de revanche flotte sur l'enceinte dyonisienne, les Bleus n'oubliant pas la leçon reçue lors de la demi-finale jouée à Sydney en 2003 (7-24). C'est la première fois, dans l'histoire de la Coupe du Monde de Rugby, que deux nations s'affrontent dans le dernier carré en n'ayant pas terminé en tête de leur poule.

Les Français sont cueillis à froid par un essai de l'ailier Josh Lewsey après une hésitation de l'arrière Damien Traille qui tarde à se saisir du ballon sur un coup de pied du demi de mêlée Andy Gomarsall. Lionel Beauxis, numéro dix, passe deux pénalités pour redonner du souffle aux Bleus qui perdent prématurément leur deuxième ligne Fabien Pelous (24e), blessé pour sa 118e et dernière cape. Le match devient étouffant, mais les Tricolores mènent encore ▶

« Logiquement, l'équipe d'Argentine, sans préparation ni structure et jouant 40 % de matchs internationaux en moins que les autres, devrait être incapable de progresser. Mais le rugby n'est pas un sport logique. C'est une affaire de désir. »

Agustín Pichot
Capitaine de l'Argentine

Le demi de mêlée
Agustín Pichot mènera
ses coéquipiers
sur la troisième
place du podium.

IRB
1995

au score à la 74e (8-9). Attrapé par une cuillère du remplaçant Joe Worsley quelques minutes plus tôt, Vincent Clerc a manqué d'inscrire sur son aile l'essai libérateur. Et puis, Wilkinson prend les choses en main. D'abord sur pénalité, à la suite d'un plaquage haut du talonneur Dimitri Szarzewski sur l'arrière Jason Robinson (11-9 ; 75e). Puis sur un drop de plus de 40 mètres, il crucifie le XV de France (14-9 ; 77e). L'Angleterre défendra son titre en finale.

Le lendemain, la faveur des pronostics va aux Springboks qui n'ont jamais perdu en onze rencontres disputées face aux Pumas. Et la tendance se confirme rapidement : trois essais du demi de mêlée Fourie du Preez, de l'ailier Bryan Habana et du numéro huit Danie Rossouw assomment l'Argentine, qui regagne les vestiaires avec un lourd handicap (24-6). En une mi-temps, elle vient d'encaisser autant d'essais que depuis le début du tournoi.

Fidèles à leur grinta, les Pumas tentent de se rebeller après le repos. Mais, en dépit d'un essai accordé au centre Manuel Contepomi par l'arbitrage vidéo (45e), ils n'ont plus les ressources physiques – leur quinze de départ n'a pratiquement pas tourné depuis le match d'ouverture – pour contester la maîtrise au pied de Percy Montgomery, numéro quinze, et du centre François Steyn, qui occupent magistralement le camp adverse. Deux pénalités de l'arrière sud-africain et un nouvel essai de Habana – son huitième de la compétition, qui lui permet d'égaler le record détenu par Jonah Lomu depuis 1999 – scellent le sort de la demi-finale (37-13).

Avant même la finale entre l'Afrique du Sud et l'Angleterre, la Coupe du Monde de Rugby 2007 en France est un réel succès populaire : au total, 2,5 millions de billets de matchs ont été vendus pour un taux de remplissage de 85 %. Depuis la création de l'épreuve, jamais autant de spectateurs n'ont été réunis dans les stades. ■

LE JOUEUR

BRYAN HABANA
SERIAL MARQUEUR

L'ailier de 24 ans lance son tournoi par un festival contre les Samoa (4 essais), puis égale, avec un doublé en demi-finale contre l'Argentine, le record d'essais inscrits en une Coupe du Monde de Rugby de Jonah Lomu (8 essais, en 1999). Sacré meilleur joueur de l'année par l'International Rugby Board (IRB) dans la foulée, il accède au rang de star du rugby à l'issue de cette édition 2007. Doté d'un gabarit modeste (1,79 m, 92 kg), le natif de Benoni, dans la province du Gauteng, court à l'époque le 100 mètres en moins de 11 secondes et reste considéré comme l'un des joueurs les plus rapides de tous les temps. Il se distingue aussi par sa faculté à intercepter des ballons chauds. D'abord attiré par le football, il penche finalement pour le rugby après avoir assisté au match d'ouverture de la Coupe du Monde de Rugby 1995 entre l'Afrique du Sud et l'Australie. Après avoir disputé les éditions 2011 et 2015, il rejoint Jonah Lomu à la première place du classement des marqueurs de la compétition (15 essais).

L'ailier sud-africain Bryan Habana, inarrêtable, a survolé le tournoi…

1

2

LE MATCH

PAYS DE GALLES-FIDJI

COUP DE TONNERRE

Le 29 septembre, au stade de la Beaujoire à Nantes, dernier match de la poule B. Le pays de Galles et les Fidji se disputent une place en quart de finale et cette rencontre spectaculaire va donner lieu à l'un des plus incroyables chassés-croisés de l'histoire de la Coupe du Monde de Rugby.

Intenables, les Fidjiens marquent d'abord trois essais lors des vingt-cinq premières minutes. Menés de 15 points à la mi-temps (10-25), les Dragons, dominateurs en mêlée, se rebiffent et inscrivent quatre essais en sept minutes pour reprendre le score à la 51e (29-25). Deux pénalités de l'ouvreur fidjien Nicky Little inversent à nouveau la tendance (29-31 ; 60e), jusqu'au cinquième essai gallois, signé du flanker Martyn Williams (34-31 ; 73e). Mais le pilier fidjien Graham Dewes a le dernier mot (34-38 ; 77e).

L'exploit des Flying Fijians, qui se qualifient pour les quarts de finale pour la première fois depuis 1987, ternit la 100e et dernière sélection de la légende galloise Gareth Thomas.

La déception de Gareth Thomas (1) pour sa dernière cape avec le pays de Galles. Le centre Seru Rabeni (3) et ses partenaires (2), au contraire, rejoignent les quarts dans la joie.

3

FEUILLE DE MATCH

Match de poule
Pays de Galles-Fidji
34-38
Samedi 29 septembre 2007
Stade de la Beaujoire (Nantes)

POINTS

Pays de Galles

5 essais : Alix Popham, Shane Williams, Gareth Thomas, Mark Jones, Martyn Williams
3 transformations : James Hook, Stephen Jones (2)
1 pénalité : Stephen Jones

Fidji

4 essais : Akapusi Qera, Vilimoni Delasau, Kele Leawere, Graham Dewes
3 transformations : Nicky Little
4 pénalités : Nicky Little

COMPOSITION

Pays de Galles

15. Gareth Thomas (c), 14. Mark Jones, 13. Tom Shanklin, 12. James Hook, 11. Shane Williams, 10. Stephen Jones, 9. Dwayne Peel, 8. Alix Popham, 7. Martyn Williams, 6. Colin Charvis, 5. Ian Evans, 4. Alun Wyn Jones, 3. Chris Horsman, 2. Matthew Rees, 1. Gethin Jenkins
Rempl. : 16. Thomas Rhys Thomas, 17. Duncan Jones, 18. Ian Gough, 19. Michael Owen, 20. Mike Phillips, 21. Jamie Robinson, 22. Dafydd James
Coach : Gareth Jenkins

Fidji

15. Kameli Ratuvou, 14. Vilimoni Delasau, 13. Seru Rabeni, 12. Seremaia Bai, 11. Isoa Neivua, 10. Nicky Little, 9. Mosese Rauluni (c), 8. Sisa Koyamaibole, 7. Akapusi Qera, 6. Semisi Naevo, 5. Ifereimi Rawaqa, 4. Kele Leawere, 3. Jone Railomo, 2. Sunia Koto, 1. Graham Dewes
Rempl. : 16. Vereniki Sauturaga, 17. Henry Qiodravu, 18. Wame Lewaravu, 19. Aca Ratuva, 20. Jone Daunivucu, 21. Norman Ligairi, 22. Sireli Bobo
Coach : Ilie Tabua

2007 LA FINALE

C'est leur marque de fabrique : les Sud-Africains éprouvent physiquement leurs adversaires.

UN SACRE À L'ÉTOUFFÉE

L'Angleterre, championne du monde sortante, tombe face à l'Afrique du Sud qui décroche son deuxième titre… en deux finales.

UN ÂPRE COMBAT promet de départager l'Angleterre et l'Afrique du Sud en finale ce 20 octobre 2007 au Stade de France. Du côté des bookmakers, ce duel d'ex-champions du monde tourne en faveur des Springboks, larges vainqueurs de leurs quatre dernières confrontations avec les sujets de Sa Majesté. Le 0-36 administré dans la phase de poule par les protégés de Jake White, alors que le XV de la Rose avait dû se passer de Jonny Wilkinson – blessé à une cheville –, pèse lourd dans la balance. Ce remake est d'ailleurs une vraie curiosité : pour la première fois dans l'histoire de l'épreuve, deux équipes se retrouvent en finale après s'être mesurées au premier tour.

L'arbitre irlandais Alain Rolland donne le coup d'envoi d'un match sur lequel les Sud-Africains mettent d'emblée leur patte. On ne parle pas là de rugby champagne, mais d'un sommet d'engagement physique qui, en première période, se résume à la volonté d'occuper le camp opposé par de longs dégagements et d'incessantes chandelles. À ce jeu, les Springboks, portés par la domination de leur alignement en touche avec le flanker Juan Smith et les deuxièmes lignes Bakkies Botha et Victor Matfield – bientôt élu homme du match –, poussent le mieux leurs adversaires à la faute, et trois pénalités de l'arrière Percy Montgomery – qui terminera meilleur réalisateur du tournoi (105 points) – contre une seule de Wilkinson leur permettent de virer en tête au repos (3-9).

Les Anglais semblent vouloir prendre l'initiative, malgré la sortie de leur capitaine Phil Vickery, remplacé par Matt Stevens à la mi-temps. Le centre Mathew Tait transperce la défense des Springboks et, au terme de l'action, Mark Cueto aplatit en coin. Essai ! Refusé par l'arbitrage vidéo, au motif que l'ailier a d'abord mis le pied gauche en touche. Probablement le tournant du match, même si un but de Wilkinson ramène ses coéquipiers à 3 points (6-9 ; 44e).

Contraints de faire le jeu pour recoller au score, les Britanniques s'exposent aux contres adverses. Qui ne manquent pas d'arriver. Montgomery ajoute 3 points sur pénalité (6-12 ; 51e), puis le centre François Steyn, des 50 mètres, corse l'addition (6-15 ; 62e). Et les joueurs de l'hémisphère sud, qui ont gagné tous leurs matchs lors de cette édition 2007, tiennent en respect leurs rivaux jusqu'au bout. Le XV de la Rose ▶

FEUILLE DE MATCH

Angleterre-Afrique du Sud
6-15
Samedi 20 octobre 2007
Stade de France
(Saint-Denis)

POINTS

Angleterre
2 pénalités : Jonny Wilkinson

Afrique du Sud
5 pénalités : Percy Montgomery (4), François Steyn

COMPOSITION

Angleterre
15. Jason Robinson, 14. Paul Sackey, 13. Mathew Tait, 12. Mike Catt, 11. Mark Cueto, 10. Jonny Wilkinson, 9. Andy Gomarsall, 8. Nick Easter, 7. Lewis Moody, 6. Martin Corry, 5. Ben Kay, 4. Simon Shaw, 3. Phil Vickery (c), 2. Mark Regan, 1. Andrew Sheridan
Rempl. : 16. George Chuter, 17. Matt Stevens, 18. Lawrence Dallaglio, 19. Joe Worsley, 20 Peter Richards, 21. Toby Flood, 22. Dan Hipkiss
Coach : Brian Ashton

Afrique du Sud
15. Percy Montgomery, 14. JP Pietersen, 13. Jaque Fourie, 12. François Steyn, 11. Bryan Habana, 10. Butch James, 9. Fourie du Preez, 8. Danie Rossouw, 7. Juan Smith, 6. Schalk Burger, 5. Victor Matfield, 4. Bakkies Botha, 3. CJ van der Linde, 2. John Smit (c), 1. Os du Randt
Rempl. : 16. Bismarck du Plessis, 17. Jannie du Plessis, 18. Johann Muller, 19. Wikus van Heerden, 20. Ruan Pienaar, 21. Andre Pretorius, 22. Wynand Olivier
Coach : Jake White

RUGBY
2007

n'a pas démérité, ne concédant que 15 points à une équipe qui en avait passé au moins 30 à tous ses adversaires dans le tournoi.

RECORD D'AFFLUENCE

Douze ans après son titre de 1995, l'Afrique du Sud devient, à l'instar de l'Australie, la deuxième nation à remporter par deux fois la Coupe du Monde de Rugby. Le capitaine John Smit brandit le Trophée Webb Ellis devant les 80 430 spectateurs du Stade de France, qui bat ce jour-là son record d'affluence.

Lors de sa première causerie, White avait été clair avec ses joueurs : « Je suis persuadé que vous allez être champions du monde. À vous de me donner raison ou tort. » Ils ont donné raison au quadragénaire, mais rien n'aura été facile pour le coach sud-africain, longtemps décrié au pays. « Pourquoi partirais-je ? Pour voir un autre que moi devenir champion du monde avec mon équipe ? » questionnait-il ironiquement au soir d'une grosse fessée reçue en Australie (49-0 ; 15 juillet 2006).

Cette équipe des Springboks n'est pas la plus spectaculaire de l'histoire, mais il l'a façonnée de pied en cap. Sa priorité fut de s'appuyer sur les Baby Boks, champions du monde des moins de 21 ans en 2002, dont le troisième ligne aile Schalk Burger, le demi de mêlée Fourie du Preez ou l'ailier Bryan Habana. Et quelques vieux briscards, à l'image du pilier Os du Randt, déjà champion du monde, qui était le plus jeune de l'équipe en 1995 (22 ans).

Invité par la fédération sud-africaine à assister à la finale, Nelson Mandela (89 ans) avait dû décliner, contraint par son grand âge. Exclus pour des motifs politiques lors des deux premières éditions en 1987 et en 1991, les Springboks ont bien rattrapé le temps perdu. ■

Le capitaine sud-africain John Smit, entouré par ses partenaires, célèbre la victoire.

20

11

2011 LE TOURNOI

La Roumanie est une habituée du tournoi. Ici, le demi de mêlée Valentin Calafeteanu.

AU PARADIS DU RUGBY

Vingt-quatre ans après, la grande fête planétaire du rugby est de retour là où elle a écrit les premières pages de son histoire.

RETOUR AU POINT DE DÉPART. Théâtre de la première Coupe du Monde de Rugby de l'histoire en 1987, la Nouvelle-Zélande, nation phare du jeu, équipe la plus mythique qui soit, accueille à nouveau sur son sol la plus grande des compétitions, vingt-quatre ans après, ainsi que le Trophée Webb Ellis cédé à l'Australie en 1991. Une attribution en novembre 2005 comme une évidence, d'autant plus après une tentative d'organisation commune avec l'Australie avortée pour l'édition 2003.

C'est un bonheur, puis un baume cicatrisant sur les plaies néo-zélandaises après une défaite en quart de finale de la Coupe du Monde de Rugby 2007, mais aussi un tremblement de terre qui, en février 2011, a causé des dégâts considérables dans la ville hôte de Christchurch et fait 185 morts. Une occasion en or de conjurer le mauvais sort pour la meilleure équipe du monde, plus jamais sacrée depuis l'édition inaugurale et parvenue en finale à une seule occasion depuis – contre l'Afrique du Sud, en 1995.

Toujours favorite, la Nouvelle-Zélande l'est cette fois encore plus. En plus d'être chez elle, elle dégage depuis des mois une force insondable. Avec un seul échec entre septembre 2009 et août 2011, les All Blacks sont au presque parfait. Seule ombre au tableau : la défaite dans le Tri Nations 2011 remporté par l'Australie. Étant donné que ses triomphes dans l'épreuve en 1999, 2003 et 2007 n'ont pas été suivis d'un sacre mondial, ce revers est somme toute à relativiser.

Pour les Australiens, ce succès prestigieux est plutôt un trompe-l'œil. La formation emmenée par le sélectionneur Robbie Deans est d'une irrégularité confondante : elle a donné une leçon au XV de France en novembre 2010 (16-59) puis, juste avant le début de la grand-messe planétaire, s'est fait battre par les Samoa à domicile (23-32 ; 17 juillet).

Au Nord, personne pour se moquer. La France, qui sort d'un Grand Chelem en 2010, n'a pas confirmé. Sacrée lors du Tournoi des Six Nations 2011, l'Angleterre n'est pas aussi sûre de ses forces qu'en 2003, la faute à des revers à l'automne 2010 contre les All Blacks (16-26 ; 6 novembre) et les Sud-Africains (11-21 ; 27 novembre). Ces derniers, champions du monde en titre et classés au deuxième rang mondial, ne brillent pourtant guère : ils ont perdu six matchs en 2010 et bouclé le Tri Nations 2011 à… la dernière place. ▶

EN BREF

Pays hôte : Nouvelle-Zélande
9 septembre – 23 octobre 2011
20 équipes (91 durant les qualifications)
48 matchs joués
1 477 294 spectateurs au total
Podium : 1. Nouvelle-Zélande / 2. France / 3. Australie
Meilleur réalisateur : Morné Steyn (AFS) : 62 points
Meilleurs marqueurs : Chris Ashton (ANG) et Vincent Clerc (FRA) : 6 essais

POINTS DE BONUS

Cette édition ne semble donc pas devoir échapper à la magie des All Blacks. Et le match d'ouverture conforte cette idée. Le 9 septembre, dans l'Eden Park d'Auckland où tout a commencé, le duel entre la Nouvelle-Zélande et les Tonga lance les hostilités dans la poule A. Pour les All Blacks, le succès 41-10, ponctué de six essais, est le point de départ d'un parcours parfait ; 240 points marqués contre 49 encaissés… Personne en phase de poule n'est de taille à les inquiéter. Et sûrement pas les Français : s'ils s'imposent contre le Japon (47-21) et le Canada (46-19), le match qui doit décider de la première place tourne très mal pour les Bleus. À l'Eden Park, le 24 septembre, les coéquipiers de l'ouvreur néo-zélandais Dan Carter sont sans pitié : 37-17.

« Pensez-vous toujours que vous pouvez être champions du monde ? » demande un journaliste à Marc Lièvremont, coach du XV de France. Avant de voir si loin, il faut encore se qualifier… Les Tricolores y parviennent, sur le fil : le 1er octobre, à Wellington, ils s'inclinent en effet contre les Tonga (14-19). Deux victoires, le même bilan que les Tonga battus par le Canada (20-25), malgré tout tombeurs du Japon (31-18) : les Bleus passent grâce aux points de bonus. Le Japon termine dernier, mais fait match nul contre le Canada (23-23) pour confirmer ses progrès.

Dans la poule B, la lutte pour les deux places qualificatives s'annonce plus âpre avec trois prétendants majeurs : l'Angleterre, l'Écosse et l'Argentine. Sur le terrain, cela se vérifie. Pour son entrée en lice, le XV de la Rose souffre contre les Pumas (13-9) et, après des leçons infligées à la Géorgie (41-10) et à la Roumanie (67-3), doit mener une bataille intense contre l'Écosse (16-12) pour signer un sans-faute. La Géorgie et la Roumanie ne boxant pas dans la même catégorie, la deuxième place se joue lors du duel entre le XV du Chardon et l'Argentine. ▶

Touche tranquille pour le flanker nippon Takashi Kikutani lors du match de poule contre les Tonga.

6
17

Les Pumas peuvent s'inquiéter, eux qui ont perdu deux fois à domicile en juin 2010 contre l'Écosse. Ils s'inquiètent longtemps à Wellington : menés depuis la 39e minute, ils reviennent seulement à la 73e grâce à l'arrière Lucas Amorosino, auteur d'un essai transformé par le centre Felipe Contepomi, pour signer un succès sur la plus petite des marges (13-12). Une qualification pour 1 point. Les Pumas ont rendez-vous en quart de finale. Les Écossais repartent en Europe, idem pour la Géorgie et la Roumanie, condamnée par sa défaite contre les Lelos (25-9) à un zéro pointé, comme en 1995.

GRAND SPECTACLE

Le scénario de la poule C fait voler en éclats de son côté toutes les prévisions du tableau final. La faute à l'Irlande qui, après une entrée en lice sans angoisse contre les États-Unis (22-10), créé la sensation en renversant l'Australie (6-15, *lire p. 128*). Les Irlandais ont le bon goût de ne pas se reposer sur leurs lauriers en éteignant la Russie (62-12), qui découvre la compétition, et l'Italie (36-6).

Les Aussies se relèvent : tombeurs des Azzurri lors de leur premier match dans la compétition (32-6), ils font le métier devant les Eagles (67-5) et la Russie (68-22) pour valider leur qualification. Mais la deuxième place les met sur la route de l'Afrique du Sud en quart de finale... Pour l'Italie, une seule satisfaction : ses deux succès et sa troisième place sont synonymes de qualification directe pour la Coupe du Monde de Rugby 2015. Les Américains, eux, trouvent leur bonheur avec un succès contre la Russie (6-13) qui, comme en 1987 et 2003, permet d'éviter une dernière place de poule.

La poule D, enfin, promet du grand spectacle. C'est la poule du tenant du titre, l'Afrique du Sud. Une équipe que le monde du rugby sait moins dominante que quatre ans plus tôt. Et contre

Rien ne semble arrêter le deuxième ligne de la Namibie Heinz Koll contre les Fidji.

qui ses adversaires majeurs – pays de Galles et Samoa – n'ont pas le moindre complexe. Pour les Springboks, la compétition commence par un miracle : un succès 17-16 sur les Dragons autant grâce à un essai de l'ailier Francois Hougaard (64e), quand les siens sont menés 10-16, qu'aux échecs gallois face aux perches. Un succès de 1 point alors qu'une pénalité refusée à l'arrière James Hook en première période aurait mérité un arbitrage vidéo… Derrière, les Springboks sont sans pitié pour les Fidji (49-3) et la Namibie (87-0), mais le dernier match contre les Samoa n'est pas franchement maîtrisé (13-5).

Les Gallois, eux aussi, ne passent pas loin de la correctionnelle contre les Samoa : menés 6-10 à la mi-temps, ils s'imposent 17-10. L'essentiel est fait : ni la Namibie (81-7) ni les Fidji (66-0), décevants, ne sont à même de priver le XV du Poireau de la deuxième place. Les Samoa, vainqueurs 7-27 des Fidji à l'Eden Park, assurent la troisième place et le ticket direct pour l'édition 2015.

Les Fidji, seulement capables de renverser une équipe de Namibie (49-25) jamais sortie vainqueur d'un match en Coupe du Monde de Rugby, finissent à la quatrième place, bien plus triste que le quart de finale de 1987. À leur décharge, la préparation des Flying Fijians fut longtemps perturbée par les menaces de refus de visa pour les joueurs liés à l'armée, suite à un coup d'État.

BELLES HEURES

Pour le reste, six des quart de finalistes étaient déjà au rendez-vous au même stade de la compétition vingt-quatre ans plus tôt. Si les affiches diffèrent, avec deux tableaux distincts Nord-Sud, cela reste du classique au niveau international : les deux premiers quarts de finale sont des duels annuels dans le Tournoi des Six Nations.

La 117e confrontation entre l'Irlande et le pays de Galles tourne en faveur des Diables ▶

Avec la victoire finale, Graham Henry prend place au panthéon des coachs de légende.

« On a traversé beaucoup de moments ensemble. Les joueurs ont appris à avoir confiance en eux-mêmes. On a eu beaucoup de pression dans cette finale. Mais cette équipe était numéro un mondial depuis un certain temps. Il fallait terminer le travail sur cette période. »

Graham Henry
Sélectionneur de la Nouvelle-Zélande

LE JOUEUR

RICHIE MCCAW
PROPHÈTE EN SON PAYS

Et dire que sa 1re sélection en novembre 2001 avait été accueillie avec des moqueries. À l'annonce des débuts du jeune flanker des Crusaders, l'ancien international Josh Kronfeld avait piqué : « Vous pourriez aussi bien donner le maillot des All Blacks à n'importe qui. » Rien n'était plus faux : dix ans plus tard, « Mister Anybody », nommé capitaine de la Nouvelle-Zélande, a réussi à guider son équipe jusqu'au Graal, réussissant là où tant d'autres avaient échoué. Richie McCaw a lutté contre la malédiction qui semblait poursuivre ces All Blacks, contre la pression pour gérer les attentes immenses, et contre lui-même pour surpasser la douleur liée à une triple fracture au cinquième métatarse du pied droit, qui ne l'a pas empêché de terminer la compétition. Immense tout au long du tournoi et encore en finale, il a pu succéder à David Kirk, son prédécesseur en 1987, pour offrir à nouveau au ciel d'Auckland et à tout un peuple le Trophée Webb Ellis. « Maintenant, je peux m'arrêter », a-t-il pensé ce soir-là. Mais il a continué, pour devenir en 2015 le premier capitaine deux fois sacré.

rouges (10-22). Vingt-quatre ans après, les Gallois reviennent dans le dernier carré. Quelques heures plus tard, à l'Eden Park, une autre équipe revit ses plus belles heures : les Bleus se réveillent enfin contre l'Angleterre. Avec des essais de l'ailier Vincent Clerc et de l'arrière Maxime Médard, les Français mènent 0-16 à la mi-temps. La réaction anglaise est trop tardive pour changer le cours de l'histoire (12-19) : pour la septième fois en huit éditions, les Tricolores sont en demi-finale.

Après la chute du finaliste, le champion du monde connaît le même sort : le lendemain, l'Australie élimine sur le fil les Springboks grâce à une pénalité à la 72e de son ailier James O'Connor (9-11). Le tableau est achevé dans la soirée avec la victoire des All Blacks sur l'Argentine (33-10). Si c'était attendu, face à la furia des Pumas, c'est laborieux : 12-7 à la mi-temps, 18-10 à la 67e avant que le troisième ligne Kieran Read et le deuxième ligne Brad Thorn ne déchirent enfin la défense sud-américaine.

Le dernier carré est donc exactement le même qu'en 1987, avec des oppositions croisées : Pays de Galles-France et Australie-Nouvelle-Zélande. La première est crispante : à quatorze contre quinze après l'expulsion du troisième ligne aile Sam Warburton, le capitaine gallois, les Bleus déjouent et doivent s'en remettre à l'adresse du buteur Morgan Parra. Dans l'angoisse jusqu'à la fin du match après l'essai du numéro neuf Mike Phillips (59e), ils passent tout de même (8-9). Le lendemain, les All Blacks, eux, ne tremblent pas : un essai de Ma'a Nonu d'entrée de jeu libère les Kiwis qui, ensuite, contrôlent leur affaire (6-20).

Même finale que lors de la première édition… Une issue identique est attendue. Mais rien n'est gravé dans le marbre : la preuve avec la victoire de l'Australie lors de la petite finale (18-21) pour une revanche de 1987.

Richie McCaw, le capitaine de tous les records, en pleine action contre l'Australie.

1

2

LE MATCH
AUSTRALIE-IRLANDE
IRISH ET BEAUX

L'Australie est la première nation du Sud battue par l'Irlande : un succès en janvier 1958, quand il a fallu patienter jusqu'au mois d'avril 1965 pour faire tomber les Sud-Africains à Dublin, et novembre 2016 pour renverser les Néo-Zélandais à Chicago. Mais en Coupe du Monde de Rugby, les Wallabies sont, avant l'édition 2011 en Nouvelle-Zélande, le cauchemar du peuple vert : quatre défaites – deux en quart de finale (1987 et 1991), deux en phase de poule (1999 et 2003).

Jusqu'à ce 17 septembre 2011 à l'Eden Park où, sous une pluie battante, les hommes du capitaine et centre Brian O'Driscoll ont su contenir les envolées australiennes à la faveur d'une défense héroïque et d'une mêlée létale, qui vaudra au pilier Cian Healy le titre d'homme du match. C'est une rencontre cadenassée mais, pour triompher, c'est exactement ce qu'il faut à l'Irlande qui peut compter sur deux buteurs de classe, Johnny Sexton (2 pénalités et 1 drop) et Ronan O'Gara (2 pénalités). L'Irlande, très décevante en préparation (4 défaites), pense alors être lancée…

3

Le centre Brian O'Driscoll (1), le deuxième ligne Paul O'Connell (3) et le demi d'ouverture Johnny Sexton (2), artisans d'une victoire historique du XV du Trèfle.

FEUILLE DE MATCH

Match de poule
Australie-Irlande
6-15
Samedi 17 septembre 2011
Eden Park (Auckland)

POINTS

Australie
2 pénalités : James O'Connor

Irlande
4 pénalités : Johnny Sexton (2), Ronan O'Gara (2)
1 drop : Johnny Sexton

COMPOSITION

Australie
15. Kurtley Beale, 14. James O'Connor, 13. Anthony Fainga'a, 12. Pat McCabe, 11. Adam Ashley-Cooper, 10. Quade Cooper, 9. Will Genia, 8. Radike Samo, 7. Ben McCalman, 6. Rocky Elsom, 5. James Horwill (c), 4. Dan Vickerman, 3. Ben Alexander, 2. Tatafu Polota-Nau, 1. Sekope Kepu
Rempl. : 16. Saia Fainga'a, 17. James Slipper, 18. Rob Simmons, 19. Wycliff Palu, 20. Scott Higginbotham, 21. Luke Burgess, 22. Drew Mitchell
Coach : Robbie Deans

Irlande
15. Rob Kearney, 14. Tommy Bowe, 13. Brian O'Driscoll (c), 12. Gordon D'Arcy, 11. Keith Earls, 10. Johnny Sexton, 9. Eoin Reddan, 8. Jamie Heaslip, 7. Sean O'Brien, 6. Stephen Ferris, 5. Paul O'Connell, 4. Donncha O'Callaghan, 3. Mike Ross, 2. Rory Best, 1. Cian Healy
Rempl. : 16. Sean Cronin, 17. Tom Court, 18. Donnacha Ryan, 19. Denis Leamy, 20. Conor Murray, 21. Ronan O'Gara, 22. Andrew Trimble
Coach : Declan Kidney

2011 LA FINALE

Le Français Aurélien Rougerie n'a pas que le numéro treize sur le dos.

LA MALÉDICTION BRISÉE

Ils semblaient maudits après quatre demi-finales perdues consécutives. Sortis en quart en 2007, les Néo-Zélandais retrouvent la lumière.

ET L'EDEN PARK s'est électrisé, sidéré. Alors que les Néo-Zélandais préparent le Kapa o Pango – le plus guerrier des hakas – pour lancer la finale de la Coupe du Monde de Rugby, leurs adversaires y font face, organisés en V, avec le capitaine français Thierry Dusautoir en pointe. Le murmure monte, puis devient grondement quand les coéquipiers du flanker Richie McCaw mettent un genou à terre : les Tricolores avancent alors comme une flèche prête à les transpercer. Le défi est relevé, un contraste majuscule avec la finale de 1987.

Les All Blacks sont favoris, portés par tout un peuple ; les Bleus sont seuls au bout du monde, rescapés d'une odyssée chaotique. Mais ils sont prêts à combattre et à priver un pays de son rêve. Ils s'en savent d'autant plus capables que ces hommes en noir sont moins sereins qu'ils ne le paraissent. Au nom de l'histoire : parce que s'il y a eu ces victoires néo-zélandaises pour lever le Trophée Webb Ellis en 1987 (29-9) ou pour finir la cinquième édition de la compétition à la troisième place en 2003 (40-13), il y a aussi eu ces exploits retentissants du XV de France à Twickenham en 1999 (43-31) ou au Millennium Stadium de Cardiff en 2007 (18-20), avec exactement la même configuration entre des Kiwis ultrafavoris et des Français au bord du précipice…

Alors, pour maintenir les doutes à distance, les locaux choisissent d'attaquer fort. Mais les visiteurs ne s'en laissent pas conter et, contrairement au scénario du match de poule disputé un mois plus tôt dans ce même Eden Park (37-17), la défense tricolore, cette fois, tient le choc. Elle ne commet qu'une seule erreur, à la 15e minute, quand elle laisse filer le pilier Tony Woodcock servi par le flanker Jerome Kaino sur une combinaison en touche à 22 mètres. Puisque le demi de mêlée Piri Weepu rate la transformation, comme il a raté une première pénalité un peu plus tôt (7e), les joueurs de l'hémisphère sud ne mènent que 0-5.

STADE ANGOISSÉ

Et la fébrilité gagne au fil des minutes, renforcée par un nouvel échec de Weepu sur une tentative de pénalité. D'autant qu'après une demi-heure de jeu, les All Blacks doivent aussi revoir leurs plans suite à la sortie sur blessure de leur maître ▶

FEUILLE DE MATCH

France-Nouvelle-Zélande
7-8
Dimanche 23 octobre 2011
Eden Park (Auckland)

POINTS

France
1 essai : Thierry Dusautoir
1 transformation : François Trinh-Duc

Nouvelle-Zélande
1 essai : Tony Woodcock
1 pénalité : Stephen Donald

COMPOSITION

France
15. Maxime Médard, 14. Vincent Clerc, 13. Aurélien Rougerie, 12. Maxime Mermoz, 11. Alexis Palisson, 10. Morgan Parra, 9. Dimitri Yachvili, 8. Imanol Harinordoquy, 7. Julien Bonnaire, 6. Thierry Dusautoir (c), 5. Lionel Nallet, 4. Pascal Papé, 3. Nicolas Mas, 2. William Servat, 1. Jean-Baptiste Poux
Rempl. : 16. Dimitri Szarzewski, 17. Fabien Barcella, 18. Julien Pierre, 19. Fulgence Ouedraogo, 20. Jean-Marc Doussain, 21. François Trinh-Duc, 22. Damien Traille
Coach : Marc Lièvremont

Nouvelle-Zélande
15. Israel Dagg, 14. Cory Jane, 13. Conrad Smith, 12. Ma'a Nonu, 11. Richard Kahui, 10. Aaron Cruden, 9. Piri Weepu, 8. Kieran Read, 7. Richie McCaw (c), 6. Jerome Kaino, 5. Sam Whitelock, 4. Brad Thorn, 3. Owen Franks, 2. Keven Mealamu, 1. Tony Woodcock
Rempl. : 16. Andrew Hore, 17. Ben Franks, 18. Ali Williams, 19. Adam Thomson, 20. Andy Ellis, 21. Stephen Donald, 22. Sonny Bill Williams
Coach : Graham Henry

RUGBY WORLD CUP 2011
ALL BLACKS
adidas

à jouer Aaron Cruden, titularisé après les forfaits préalables de Dan Carter et Colin Slade. L'ouvreur est remplacé par l'outsider Stephen Donald (34e), rappelé en cours de compétition alors qu'il était en pleine partie de pêche. C'est aussi un mal pour un bien : Donald prend la charge du but et donne de l'air à son équipe (0-8 ; 46e).

Les Bleus, eux, avant celle de Vincent Clerc (46e), doivent déplorer la sortie sur blessure de Morgan Parra (23e), leur demi de mêlée reconverti ouvreur. Et ce n'est pas neutre : Parra endosse le rôle de buteur. Le numéro neuf Dimitri Yachvili, gêné à la cuisse, tente d'assumer comme il peut, mais il laisse passer une occasion (43e). Privés de Parra, les protégés de Marc Lièvremont ont perdu un buteur et un gestionnaire, mais ils gagnent un animateur revanchard avec son remplaçant : François Trinh-Duc réveille ses partenaires et, après une interception et une percée plein axe, Dusautoir – colossal en défense – donne une touche offensive à sa panoplie de troisième ligne avec un essai au pied du poteau droit (7-8 ; 47e).

Les hommes en noir sont tétanisés, leurs rivaux transcendés. Sur une mêlée magnifique, les avants offrent à Trinh-Duc l'opportunité de passer devant. À 48 mètres des poteaux et sous les sifflets d'un stade angoissé, l'ouvreur de Montpellier voit le ballon passer à droite. Au bord de la rupture, les Néo-Zélandais s'arc-boutent pour défendre ce point d'avance duquel dépend leur rêve. Ils ne prennent plus de risque, renvoient les Bleus dans leur camp dès que possible, et sinon, encaissent les vagues en tentant surtout de ne pas commettre de faute. Elle est espérée, elle ne viendra finalement jamais. À la 76e, un en-avant du remplaçant Jean-Marc Doussain rend le ballon aux Néo-Zélandais. Ils ne le cèdent plus. Ainsi parcourent-ils les derniers centimètres d'un voyage de vingt-quatre ans pour retrouver le Trophée Webb Ellis à l'Eden Park. ■

Les hommes en noir triomphent sur leurs terres. La disette est oubliée...

20

15

2015 LE TOURNOI

Les Fidji de
Nemani Nadolo
et l'Angleterre
de Billy Vunipola
ouvrent le bal de
la compétition.

L'HORIZON DU SUD

Les quatre sélections majeures de l'hémisphère sud font la loi dans la Vieille Europe en atteignant le dernier carré de la compétition.

POUR LA PREMIÈRE FOIS dans l'histoire du tournoi, aucune nouvelle nation ne s'immisce dans cette huitième Coupe du Monde de Rugby, organisée par l'Angleterre. Seul changement par rapport à l'édition 2011 : l'Uruguay remplace la Russie, soit exactement le même plateau que lors de l'édition 2003 en Australie. Les 20 équipes se sont qualifiées soit en terminant dans les trois premières places de leur poule lors de la Coupe du Monde de Rugby précédente en Nouvelle-Zélande (c'est-à-dire 12 d'entre elles), soit en ayant franchi les qualifications continentales. Elles sont réparties en quatre poules de cinq. Du côté des matchs, ils se trouvent tous programmés dans des stades anglais, ainsi qu'au Millennium Stadium de Cardiff en raison de sa capacité de plus de 70 000 spectateurs.

IMMENSE DÉSILLUSION

Le coup d'envoi de la compétition intervient le 18 septembre à Twickenham. Dans la poule A, dite « de la mort », avec la présence de l'Australie et du pays de Galles, l'Angleterre du capitaine et flanker Chris Robshaw reçoit les Fidji du surpuissant ailier Nemani Nadolo. Au sifflet, le Sud-Africain Jaco Peyper. Malgré une pluie fine qui rend le ballon glissant, le XV de la Rose offre un visage audacieux, cherchant à déstabiliser les îliens sur les extérieurs. Les joueurs du sélectionneur anglais Stuart Lancaster sont récompensés par un essai de pénalité marqué lors du premier quart d'heure. Et encore dix minutes plus tard, l'arrière Mike Brown aplatissant derrière la ligne après une offrande du centre Jonathan Joseph. Malgré l'essai inscrit en réaction par Nadolo, les Britanniques conservent 10 points d'avance au repos (18-8). Sans jamais être mis en danger, ils construisent ensuite patiemment leur victoire, grâce à un nouvel essai de Brown (72e), bientôt imité par le troisième ligne Billy Vunipola dans les derniers instants. Une ultime réalisation qui offre un précieux point de bonus offensif aux partenaires du pilier Joe Marler (35-11).

Malheureusement pour eux, les Anglais se préparent aussi à une immense désillusion. Le 26 septembre, les Gallois, faciles vainqueurs de l'Uruguay (54-9), se présentent à Twickenham sans complexe. Menés 25-18 à moins de dix minutes du terme, les Diables rouges sonnent la révolte par le numéro neuf Gareth Davies, auteur d'un essai transformé par son ouvreur Dan Biggar. Puis le buteur des Dragons passe une pénalité depuis la ligne médiane, assurant la victoire des siens (25-28). Un retournement ▶

EN BREF

Pays hôte : Angleterre
18 septembre – 31 octobre 2015
20 équipes (96 durant les qualifications)
48 matchs joués
2 477 805 spectateurs au total
Podium : 1. Nouvelle-Zélande / 2. Australie / 3. Afrique du Sud
Meilleur réalisateur : Nicolás Sánchez (ARG) : 97 points
Meilleur marqueur : Julian Savea (NZL) : 8 essais

de situation qui condamne la formation anglaise à la victoire, le 3 octobre, face à l'Australie, déjà vainqueur des Fidji (28-13) et de l'Uruguay (65-3). Doux rêve. Car les Aussies ne laissent pas la moindre chance au pays hôte – laminé (13-33) par, notamment, deux essais et 18 points au pied de leur ouvreur Bernard Foley –, qui devient le premier en vingt-huit ans de Coupe du Monde de Rugby à ne pas franchir la phase de poule.

La poule B réserve elle aussi un grand spectacle, le Japon brouillant les cartes en dominant l'Afrique du Sud le 19 septembre (32-34, *lire p. 144*). Les Springboks s'en sortent néanmoins en corrigeant leurs autres adversaires : les Samoa (46-6), l'Écosse (34-16) et les États-Unis (64-0). Lourdement vaincus par le XV du Chardon le 23 septembre (45-10), les Brave Blossoms manquent de peu une qualification historique pour les quarts.

La poule C revient facilement à la Nouvelle-Zélande devant l'Argentine et la Géorgie, qui bat les Tonga (10-17) et la Namibie (16-17). Les coéquipiers du capitaine Mamuka Gorgodze remportent pour la première fois deux matchs lors d'une Coupe du Monde de Rugby et se qualifient directement pour l'édition suivante.

Pas de suspense dans la poule D : le 11 octobre, l'Irlande domine la France (9-24) et s'octroie la première place devant les Tricolores.

FESTIVAL OFFENSIF

Les quarts de finale proposent quatre confrontations en nations du Nord et nations du Sud.

Le 17 octobre, à Twickenham, le XV du Poireau frôle l'exploit face à l'Afrique du Sud. Les Dragons mènent 18-19 à six minutes de la fin de la rencontre et sont sur le point de remporter leur troisième victoire contre les Springboks en cent neuf ans. C'est alors que le numéro huit sud-africain Duane Vermeulen s'extrait d'une mêlée près de la ligne des 22 mètres galloise ▶

Duel de troisième ligne entre l'Américain Al McFarland et l'Écossais Josh Strauss.

et adresse une passe audacieuse derrière son dos au demi de mêlée Fourie du Preez qui sprinte vers le coin pour marquer. Les Springboks de l'entraîneur Heyneke Meyer s'imposent (23-19).

Ce même jour, au Millennium, les All Blacks corrigent comme jamais la France en Coupe du Monde de Rugby (62-13). Ils infligent neuf essais aux Bleus, triplé de l'ailier Julian Savea à la clé – homme du match –, qui porte son total à huit essais dans la compétition. Les coéquipiers du numéro dix Dan Carter manquent de peu de battre le record du plus grand écart face aux Tricolores (61-10 ; 9 juin 2007).

Le lendemain, encore au Millennium, un nouveau festival offensif voit l'Argentine réduire à néant les espoirs de l'Irlande (20-43) qui, décidément, ne parvient pas à franchir le plafond de verre des quarts de finale de l'épreuve. Le début de match tonitruant des Pumas du sélectionneur Daniel Hourcade leur permet de mener largement au score (3-20) après vingt-deux minutes, grâce à deux essais du centre Matías Moroni et Juan Imhoff à l'aile, contraignant le XV du Trèfle à une vaine course-poursuite. L'adresse au but du demi de mêlée Nicolás Sánchez, auteur de 23 points, puis deux nouveaux essais du numéro quinze Joaquín Tuculet et Imhoff enterrent la formation managée par Joe Schmidt.

Le clou du spectacle survient enfin ce 18 octobre à Twickenham où l'Australie se sauve miraculeusement du piège tendu par l'Écosse (35-34) grâce à une pénalité de son ouvreur buteur Foley à trente secondes de la fin de la rencontre. Aux cinq essais australiens, l'équipe emmenée par Vern Cotter répond par trois réalisations, dont un essai consécutif à une interception du centre Mark Bennett à sept minutes du terme, qui donne 2 points d'avance au XV du Chardon (32-34). Dix minutes auparavant, les Aussies dirigés par Michael Cheika croyaient pourtant avoir fait le plus dur en ayant un break d'avance à l'entrée du dernier quart d'heure (32-24).

Le trois-quarts Luke Fitzgerald, face au Canada, contribue à la victoire irlandaise.

À CENT À L'HEURE

Le tableau des demi-finales, 100 % sudistes et toutes deux disputées à Twickenham, est désormais connu : Afrique du Sud-Nouvelle-Zélande et Argentine-Australie.

Le 24 octobre, le match entre les Springboks et les hommes en noir voit s'affronter les deux dernières formations championnes du monde. Sous une pluie battante, les lauréats de 2011 attaquent plus fort la partie. Un essai en coin du flanker Jerome Kaino à la réception d'une passe de son capitaine Richie McCaw, dès la 6e minute, les place dans les meilleures conditions. Mais l'Afrique du Sud n'est pas la France, et la Nouvelle-Zélande va devoir s'employer pour parvenir à ses fins.

Dominateurs dans les airs et hermétiques en défense, les Springboks pressent dans le camp adverse et poussent à plusieurs reprises les protégés du coach Steve Hansen à la faute. Indisciplinés, ces derniers offrent des munitions faciles à l'ouvreur Handré Pollard, qui inscrit quatre pénalités en première période et permet aux Vert et Or de basculer en tête au repos (12-7). Les joueurs à la fougère décident de revenir prématurément sur la pelouse et effectuent des exercices sous la pluie. Réchauffés, ils accélèrent en deuxième période, dans un style bien différent de leur démonstration du quart de finale face aux Bleus. Ils prennent alors possession du ballon et font parler la puissance de leurs avants, même s'ils évoluent quelques minutes à quatorze après le carton jaune de Kaino.

Après un drop de Dan Carter, leurs efforts paient quand le centre Ma'a Nonu envoie l'ailier Beauden Barrett à l'essai (52e). La transformation de Carter offre à présent 5 points d'avance aux Kiwis qui ne desserrent pas l'étau (12-17). D'autant que le carton jaune reçu par l'ailier Bryan Habana fragilise les Sud-Africains. Un nouvel échange de pénalités entre Carter et Pollard conduit au statu quo à l'abord des vingt ▶

RUGBY
WORLD CUP
2015
adidas
ALL BLACKS
1987
2011
GILBERT

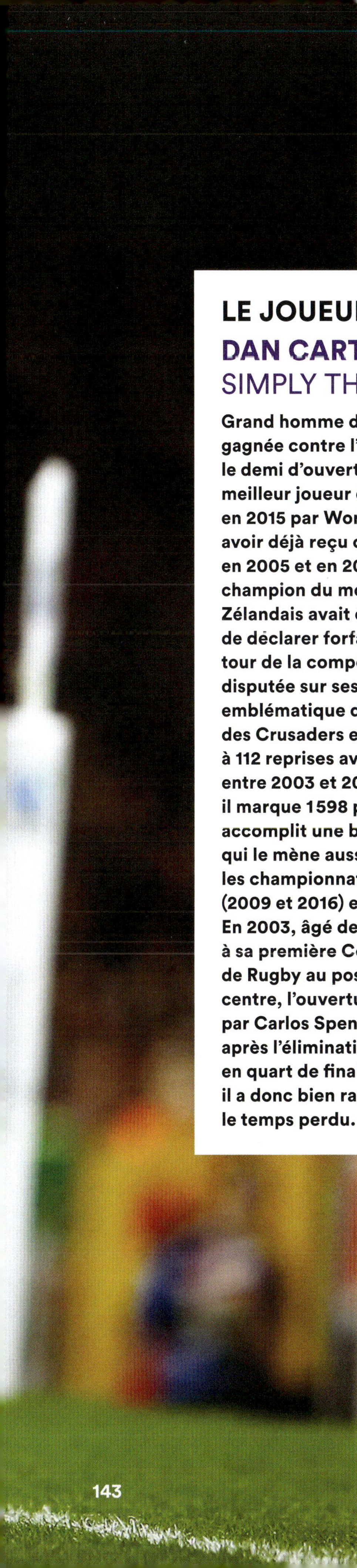

LE JOUEUR

DAN CARTER

SIMPLY THE BEST

Grand homme de la finale gagnée contre l'Australie, le demi d'ouverture est élu meilleur joueur du monde en 2015 par World Rugby, après avoir déjà reçu cette distinction en 2005 et en 2012. Double champion du monde, le Néo-Zélandais avait été contraint de déclarer forfait dès le premier tour de la compétition en 2011, disputée sur ses terres. Figure emblématique de la province des Crusaders et sélectionné à 112 reprises avec les All Blacks entre 2003 et 2015 – pour lesquels il marque 1598 points –, Dan Carter accomplit une brillante carrière qui le mène aussi à remporter les championnats français (2009 et 2016) et japonais (2019). En 2003, âgé de 21 ans, il participe à sa première Coupe du Monde de Rugby au poste de trois-quarts centre, l'ouverture étant occupée par Carlos Spencer. Malheureux après l'élimination contre la France en quart de finale (18-20) en 2007, il a donc bien rattrapé ensuite le temps perdu.

dernières minutes (15-20). Puis Pat Lambie, qui vient de remplacer Pollard, blessé, fait passer un frisson dans les dos néo-zélandais. Sa pénalité de la 69e minute rapproche les siens (18-20) alors qu'il reste une dizaine de minutes à jouer. Déterminés à disputer leur quatrième finale de Coupe du Monde de Rugby, les All Blacks maîtrisent la toute fin de rencontre et se qualifient à l'issue de leur match le plus difficile du tournoi.

Le lendemain, le suspense est moindre dans la deuxième demi-finale entre l'Australie et l'Argentine, quoique jouée à cent à l'heure. La rencontre part d'emblée sur un rythme effréné. Les Aussies prennent les devants après seulement soixante-huit secondes lorsque le numéro cinq Rob Simmons intercepte une passe de Sánchez et sprinte sur 30 mètres pour marquer. L'ouvreur argentin répond d'une pénalité mais Adam Ashley-Cooper, à la réception d'une double sautée de Foley, aplatit en coin. L'ailier récidive à la demi-heure de jeu, servi cette fois par Matt Giteau, au centre, alors que les Pumas évoluent à quatorze – le deuxième ligne Tomás Lavanini ayant écopé d'un carton jaune pour un plaquage dangereux – et que leur talonneur Agustín Creevy se plaint d'une cheville.

Avec un David Pocock royal en numéro huit, les Wallabies atteignent la mi-temps avec 10 points d'avance (9-19). À la reprise, Foley et Sánchez passent chacun une pénalité, puis le buteur argentin ramène ses partenaires à 7 points à vingt-cinq minutes de la fin (15-22). Bien que privés de leur centre Juan Martín Hernández, sorti blessé, les Pumas tiennent le ballon et restent menaçants. Après un travers de l'ailier Drew Mitchell le long de la ligne médiane, Ashley-Cooper achève néanmoins le travail et signe un fameux triplé. Les Wallabies méritent leur victoire (15-29), mais l'Argentine confirme aussi l'étendue de ses progrès. ■

Après une édition 2011 tronquée par une blessure aux adducteurs, Dan Carter peut enfin savourer.

1

2

LE MATCH

AFRIQUE DU SUD-JAPON

COUP DE TONNERRE

Le 19 septembre 2015, au Community Stadium de Brighton, se dispute le premier match de la poule B. L'Afrique du Sud se prépare à une entrée en matière tranquille face au Japon qui n'a remporté qu'une seule rencontre en Coupe du Monde de Rugby.

Mais les Brave Blossoms du sélectionneur Eddie Jones, bien que menés d'un cheveu à la mi-temps (12-10), émerveillent par la solidité de leur pack, leur férocité défensive et la vitesse supersonique de leur jeu. Les Springboks confirment leur court avantage en deuxième période (19-13 puis 29-22). L'abnégation des Japonais, victorieux 32-34, paie à la dernière minute, sur un essai du remplaçant Karne Hesketh, ailier.

Lors des World Rugby Awards 2015, ce dernier essai victorieux est désigné comme le meilleur moment parmi tous les matchs du tournoi. L'arrière Ayumu Goromaru devient une star dans son pays. Un film australien racontera le « miracle de Brighton » en 2019, année de la Coupe du Monde de Rugby au Japon.

3

L'essai de Karne Hesketh (1) scelle la victoire japonaise. Son capitaine Michael Leitch (3) exulte : l'Afrique du Sud du talonneur Bismarck du Plessis (2) est vaincue.

FEUILLE DE MATCH

Match de poule
Afrique du Sud-Japon
32-34
Samedi 19 septembre 2015
Community Stadium (Brighton)

POINTS

Afrique du Sud

4 essais : Francois Louw, Bismarck du Plessis, Lood de Jager, Adriaan Strauss
3 transformations : Pat Lambie (2), Handré Pollard
2 pénalités : Pat Lambie, Handré Pollard

Japon

3 essais : Michael Leitch, Ayumu Goromaru, Karne Hesketh
2 transformations : Ayumu Goromaru
5 pénalités : Ayumu Goromaru

COMPOSITION

Afrique du Sud

15. Zane Kirchner, 14. Bryan Habana, 13. Jesse Kriel, 12. Jean de Villiers (c), 11. Lwazi Mvovo, 10. Pat Lambie, 9. Ruan Pienaar, 8. Schalk Burger, 7. Pieter-Steph du Toit, 6. Francois Louw, 5. Victor Matfield, 4. Lood de Jager, 3. Jannie du Plessis, 2. Bismarck du Plessis, 1. Tendai Mtawarira
Rempl. : 16. Adriaan Strauss, 17. Trevor Nyakane, 18. Coenie Oosthuizen, 19. Eben Etzebeth, 20. Siya Kolisi, 21. Fourie du Preez, 22. Handré Pollard, 23. JP Pietersen
Coach : Heyneke Meyer

Japon

15. Ayumu Goromaru, 14. Akihito Yamada, 13. Male Sa'u, 12. Harumichi Tatekawa, 11. Kotaro Matsushima, 10. Kosei Ono, 9. Fumiaki Tanaka, 8. Hendrik Tui, 7. Michael Broadhurst, 6. Michael Leitch (c), 5. Hitoshi Ono, 4. Luke Thompson, 3. Kensuke Hatakeyama, 2. Shota Horie, 1. Masataka Mikami
Rempl. : 16. Takeshi Kizu, 17. Keita Inagaki, 18. Hiroshi Yamashita, 19. Shinya Makabe, 20. Amanaki Mafi, 21. Atsushi Hiwasa, 22. Yu Tamura, 23. Karne Hesketh
Coach : Eddie Jones

2015 LA FINALE

Comme souvent, le centre Ma'a Nonu est une nouvelle fois décisif dans ce match couperet.

LA PASSE DE TROIS

Couronnée en 1987, la Nouvelle-Zélande a attendu 2011 pour gagner son deuxième titre. Et seulement quatre ans de plus pour vivre un troisième sacre.

LA NATION QUI REMPORTERA cette finale entre la Nouvelle-Zélande et l'Australie, arbitrée par le Gallois Nigel Owens, deviendra la première de l'histoire à connaître un troisième titre mondial. Vainqueurs en 1987 et en 2011, les joueurs à la fougère, plus réguliers et jamais inquiétés lors de cette édition 2015, ont la faveur des pronostics contre les Aussies, sacrés en 1991 et en 1999. En cas de victoire, ils peuvent devenir les premiers champions en titre à conserver leur couronne.

Le début de la rencontre est d'ailleurs à l'avantage de la Nouvelle-Zélande. Les coéquipiers du capitaine Richie McCaw s'appliquent à conserver le ballon et à occuper le camp opposé. Après huit minutes, le numéro dix Dan Carter ouvre le score sur pénalité. Mais les Australiens répliquent peu après en écroulant la première ligne des All Blacks en mêlée fermée : le buteur Bernard Foley passe à son tour la pénalité. Un plaquage haut du pilier Sekope Kepu sur Carter donne l'occasion à ce dernier de marquer 3 points de plus. Dans la foulée, la malchance frappe le camp australien. Le deuxième ligne Kane Douglas se blesse à un genou et, quelques minutes plus tard, le centre Matt Giteau doit aussi quitter les siens, victime d'une commotion cérébrale en plaquant le numéro quatre Brodie Retallick. Dean Mumm et Kurtley Beale les remplacent.

Carter profite de cette période de flottement pour ajouter 3 points sur pénalité. Les hommes en noir se détachent (9-3) en dépit des efforts de la solide défense aussie qui contient pour l'instant la vague. Elle va néanmoins craquer une première fois, juste avant la mi temps, sur un enchaînement amorcé par le centre Conrad Smith, relayé par le demi de mêlée Aaron Smith et McCaw. Le flanker décale l'ailier Nehe Milner-Skudder pour un essai en coin. La transformation réussie par Carter offre une avance confortable aux Kiwis au repos (16-3).

Dès la reprise, Sonny Bill Williams, fraîchement entré en jeu à la place de Conrad Smith, sert Ma'a Nonu au niveau de la ligne médiane. Le centre transperce le rideau défensif jaune et, au bout d'une course de 40 mètres, marque le deuxième essai néo-zélandais (21-3). Les All Blacks semblent alors filer vers un succès incontestable. Mais le carton jaune reçu par l'arrière Ben ▶

FEUILLE DE MATCH

Nouvelle-Zélande-Australie
34-17
Samedi 31 octobre 2015
Twickenham (Londres)

POINTS

Nouvelle-Zélande
3 essais : Nehe Milner-Skudder, Ma'a Nonu, Beauden Barrett
2 transformations : Dan Carter
4 pénalités : Dan Carter
1 drop : Dan Carter

Australie
2 essais : David Pocock, Tevita Kuridrani
2 transformations : Bernard Foley
1 pénalité : Bernard Foley

COMPOSITION

Nouvelle-Zélande
15. Ben Smith, 14. Nehe Milner-Skudder, 13. Conrad Smith, 12. Ma'a Nonu, 11. Julian Savea, 10. Dan Carter, 9. Aaron Smith, 8. Kieran Read, 7. Richie McCaw (c), 6. Jerome Kaino, 5. Sam Whitelock, 4. Brodie Retallick, 3. Owen Franks, 2. Dane Coles, 1. Joe Moody
Rempl. : 16. Keven Mealamu, 17. Ben Franks, 18. Charlie Faumuina, 19. Victor Vito, 20. Sam Cane, 21. Tawera Kerr-Barlow, 22. Beauden Barrett, 23. Sonny Bill Williams
Coach : Steve Hansen

Australie
15. Israel Folau, 14. Adam Ashley-Cooper, 13. Tevita Kuridrani, 12. Matt Giteau, 11. Drew Mitchell, 10. Bernard Foley, 9. Will Genia, 8. David Pocock, 7. Michael Hooper, 6. Scott Fardy, 5. Rob Simmons, 4. Kane Douglas, 3. Sekope Kepu, 2. Stephen Moore (c), 1. Scott Sio
Rempl. : 16 Tatafu Polota-Nau, 17 James Slipper, 18 Greg Holmes, 19 Dean Mumm, 20 Ben McCalman, 21 Nick Phipps, 22 Matt To'omua, 23 Kurtley Beale
Coach : Michael Cheika

Smith (52e), pour un mauvais plaquage sur l'ailier Drew Mitchell, relance complètement les Wallabies.

COUP D'ACCÉLÉRATEUR

Premier acte de révolte : à la conclusion d'un maul pénétrant sur touche, le numéro huit David Pocock aplatit dans l'en-but adverse (53e). Deuxième coup d'accélérateur : à la suite d'une passe au pied du numéro neuf Will Genia, Foley, depuis la ligne de touche, trouve Tevita Kuridrani d'un retour intérieur et le centre australien conclut ce joli mouvement d'un second essai. Les deux transformations de Foley passent et les hommes du coach Michael Cheika reviennent sur les talons des joueurs à la fougère (21-17).

Mais, sans s'affoler, les champions du monde en titre reprennent leur marche en avant. À dix minutes de la fin de la rencontre, l'expérimenté Carter passe d'abord un drop des 40 mètres, puis réussit une pénalité magistrale de 50 mètres. Menés 27-17, les Wallabies n'ont d'autre choix que de jouer leur va-tout. Partis à l'assaut du camp néo-zélandais pour tenter de marquer l'essai qui les relancerait une nouvelle fois, ils subissent en contre la foudre des hommes en noir. Ben Smith s'arrache de ses 22 mètres, tape à suivre, trouve le relais de Beauden Barrett, rentré à l'aile, qui crucifie l'Australie d'un ultime essai. La transformation de Carter, auteur de 19 points dans cette finale, donne encore plus d'ampleur au triomphe kiwi (34-17).

Après avoir remporté la Coupe du Monde de Rugby par deux fois sur leurs terres, les All Blacks le font cette fois sur un sol étranger. Cette deuxième couronne mondiale consécutive récompense une génération exceptionnelle, symbolisée par son capitaine McCaw et sa star Carter. Ces deux-là tirent d'ailleurs leur révérence internationale à l'issue de ce tournoi magnifique que le pays du long nuage blanc a survolé de bout en bout. ■

Après 2011, Richie McCaw soulève pour la deuxième fois le Trophée Webb Ellis.

20

19

2019 LE TOURNOI

Le centre français
Virimi Vakatawa
échappe au Gallois
Liam Williams.

L'ASIE EN SCÈNE

Après l'Océanie, l'Europe et l'Afrique, la Coupe du Monde de Rugby pose ses valises sur un nouveau continent.

C'EST UN ÉVÉNEMENT d'une importance sans précédent pour l'expansion territoriale de l'ovalie : pour la première fois, la Coupe du Monde de Rugby se tient sur le continent asiatique, au Japon. C'est le 28 juillet 2009, dix ans plus tôt, que World Rugby avait décidé d'attribuer au pays du Soleil-Levant, préféré à l'Italie et à l'Afrique du Sud, l'organisation de cette compétition suprême. Le pari était osé mais visionnaire, même si trois matchs doivent être annulés à la mi-octobre en raison du passage du typhon Hagibis : Nouvelle-Zélande-Italie et Namibie-Canada (poule B), et Angleterre-France (poule C).

L'épreuve se déroule dans douze stades du pays. Les trois meilleures nations de chaque poule de l'édition 2015 sont qualifiées d'office et les huit places restantes reviennent aux équipes qui remportent les tournois éliminatoires continentaux : c'est ainsi que le Canada, les États-Unis, les Fidji, la Namibie, les Samoa, les Tonga et l'Uruguay s'invitent à la fête. La Russie, elle, se fraie un chemin en profitant de la sanction frappant la Roumanie et l'Espagne, reconnues coupables d'avoir aligné des joueurs inéligibles lors du processus de qualification. Les 20 équipes sont réparties en quatre poules de cinq.

FORTE IMPRESSION

Le 20 septembre, le match d'ouverture oppose, dans la poule A, le Japon à la Russie au Tokyo Stadium de Chofu, avec le Gallois Nigel Owens au sifflet. Le pays hôte ne tremble pas, même si les Russes inscrivent le premier essai du tournoi dès la 5e minute par l'ailier Kirill Golosnitsky – l'essai le plus rapide intervenant lors d'un match d'ouverture –, et s'impose (30-10) en marquant quatre essais, dont un triplé de l'ailier Kotaro Matsushima, le premier joueur japonais à réussir cet exploit dans une Coupe du Monde de Rugby.

Les hommes du sélectionneur néo-zélandais Jamie Joseph vont d'ailleurs réussir un carton plein lors de cette phase de poule. Le 28 septembre, à Fukuroi, ils font forte impression en dominant l'Irlande (19-12), récidivent le 5 octobre à Toyota face aux Samoa (38-19), et parachèvent ce parcours sans faute le 13 octobre à Yokohama contre l'Écosse (28-21). D'ores et déjà, le Japon, premier de sa poule et qualifié pour les quarts de finale, est la révélation de la compétition. Il est accompagné par le XV du Trèfle, facile vainqueur de l'Écosse (27-3), de la Russie (35-0) et des Samoa (47-5). ▶

EN BREF

Pays hôte : Japon
20 septembre – 2 novembre 2019
20 équipes (93 équipes durant les qualifications)
45 matchs joués
1 698 528 spectateurs au total
Podium : 1. Afrique du Sud / 2. Angleterre / 3. Nouvelle-Zélande
Meilleur réalisateur : Handré Pollard (AFS) : 69 points
Meilleur marqueur : Josh Adams (GAL) : 7 essais

La poule B est dominée par la Nouvelle-Zélande qui, le 21 septembre à Yokohama, parvient à écarter son principal rival l'Afrique du Sud (23-13), grâce notamment à deux essais de l'ailier George Bridge et du deuxième ligne Scott Barrett. Les All Blacks gagnent ensuite aisément contre le Canada (63-0) – en titularisant pour la première fois de leur histoire trois frères (Beauden, Jordie et Scott Barrett) – et la Namibie (71-9). Les 2 points qui leur sont attribués lors du match annulé contre l'Italie (score officiel : 0-0) leur assurent la première place de la poule, devant l'Afrique du Sud, qui vient à bout de la Namibie (57-3), de l'Italie (49-3) et du Canada (66-7) – le demi de mêlée Cobus Reinach marquant face aux Canucks le triplé le plus rapide de l'histoire de la compétition (3 essais en onze minutes).

Le 21 septembre, le premier match de la poule C oppose la France à l'Argentine. Les Tricolores mènent de 17 points à la mi-temps contre des Pumas indisciplinés, mais une pénalité de Benjamín Urdapilleta permet aux siens de repasser devant (20-21 ; 69e). Les Bleus se sortent néanmoins du guêpier par un drop de Camille Lopez à dix minutes du terme (23-21). La France domine ensuite les États-Unis (33-9) et les Tonga (23-21). Elle termine à la deuxième place de la poule derrière l'Angleterre, sûre de son fait contre les Tonga (35-3), les Eagles (45-7) – réduits à quatorze après le premier carton rouge de la compétition administré au flanker John Quill pour un coup d'épaule sur la tête du centre Owen Farrell – et l'Argentine (39-10).

L'Australie et les Fidji se rencontrent le 21 septembre à Sapporo pour ouvrir le bal de la poule D. Le flanker aussie Michael Hooper et son ailier Reece Hodge marquent deux essais en première période, auxquels répondent le troisième ligne Peceli Yato et le centre Waisea Nayacalevu. Les joueurs des îles mènent de 2 points à la mi- ▶

Tonga-États-Unis : le demi de mêlée Sonatane Takulua est bien repris par la défense US.

USA RUGBY
15

temps (12-14), obligeant les Australiens du coach Michael Cheika à passer la vitesse supérieure après le repos. Ceux-ci vont alors inscrire quatre essais en un quart d'heure, d'abord par un doublé du numéro deux Tolu Latu, puis par le centre Samu Kerevi et Marika Koroibete à l'aile, pour assurer une victoire bonifiée (39-21). Mais l'avertissement reçu par l'Australie ne lui suffit pas à contenir la fougue du pays de Galles huit jours plus tard, dans le match au sommet de la poule.

Cette fois, les Diables rouges donnent la leçon et font la course en tête au repos (8-23), grâce à deux essais des numéros douze Hadleigh Parkes et neuf Gareth Davies, et à la botte de Dan Biggar, l'ouvreur remplacé sans dommage dès la 28e minute par Rhys Patchell. Là encore, les Aussies reprennent le contrôle de la situation en deuxième période, revenant à 1 point derrière les Gallois après la pénalité du demi d'ouverture Matt To'omua à douze minutes de la fin de la rencontre (25-26). Mais les joueurs managés par Warren Gatland tiennent bon et l'ultime pénalité de Patchell (72e) leur permet de s'imposer (25-29). Il s'agit de la première victoire du XV du Poireau face à l'une des trois nations majeures de l'hémisphère sud depuis trente-deux ans. L'Australie se console en battant l'Uruguay (45-10) et la Géorgie (27-8) pour terminer à la deuxième place de la poule. Les Gallois, eux, sont impériaux contre les Lelos (43-14), les Flying Fijians (29-17) et l'Uruguay (35-13).

PUBLIC EN FOLIE

Le tableau des quarts de finale est connu : Angleterre-Australie, Nouvelle-Zélande-Irlande, Pays de Galles-France et Japon-Afrique du Sud.

Le 19 octobre, à Oita, le XV de la Rose inflige une sévère défaite aux Wallabies (40-16). « Les meilleurs samouraïs ont toujours été les gars qui avaient un plan mais qui pouvaient s'adapter, qui avaient une tête calme mais qui étaient

Les Géorgiens du numéro neuf Vasil Lobzhanidze ont vendu chèrement leur peau face à l'Australie.

pleins d'agressivité, et nous étions comme ça aujourd'hui », déclare dans la foulée le sélectionneur anglais Eddie Jones. Un doublé de l'ailier Jonny May, deux essais du pilier Kyle Sinckler et de l'ailier Anthony Watson – auxquels le seul Koroibete, numéro onze, ne répond qu'une fois – et 20 points au pied du capitaine Owen Farrell assomment les Aussies qui quittent la Coupe du Monde de Rugby par la petite porte.

Le même jour, à Chofu, la Nouvelle-Zélande ne laisse pas la moindre chance à l'Irlande (46-14) en déployant une défense de fer et en marquant sept essais, dont un doublé du demi de mêlée Aaron Smith. Le XV du Trèfle, déjà mené 22-0 à la mi-temps, restait sur deux victoires lors de ses trois dernières confrontations avec les All Blacks, il concède pourtant là sa plus large défaite en Coupe du Monde de Rugby. Des adieux ratés pour l'emblématique talonneur Rory Best et pour l'entraîneur Joe Schmidt.

Le lendemain, à Oita, la France, déchaînée, fait déjà la course en tête (0-12) après huit minutes de jeu et deux essais des avants Sébastien Vahaamahina et Charles Ollivon. Le troisième ligne aile gallois Aaron Wainwright réplique à la 12e minute, mais un troisième essai des Bleus, signé du centre Virimi Vakatawa (31e), offre une avance confortable aux Tricolores à la mi-temps (10-19). Pas assez pour anéantir le moral des Dragons qui se rappellent à ce moment-là leur comeback de février 2019, réalisé lors du Tournoi des Six Nations au Stade de France. Largement distancés au repos (16-0), ils avaient pourtant fini par triompher 19-24 avant de réussir le Grand Chelem. Et les voilà qui refont le coup au Japon, bien aidés toutefois par le carton rouge reçu par Vahaamahina à la 49e, coupable d'un coup de coude sur Wainwright. Ils reviennent d'abord au score par une pénalité de Biggar (13-19 ; 54e), puis prennent les commandes à six minutes du terme grâce à un essai du troisième ligne Ross ▶

Le troisième ligne
Michael Leitch montre
l'exemple lors de la victoire
japonaise contre l'Écosse.

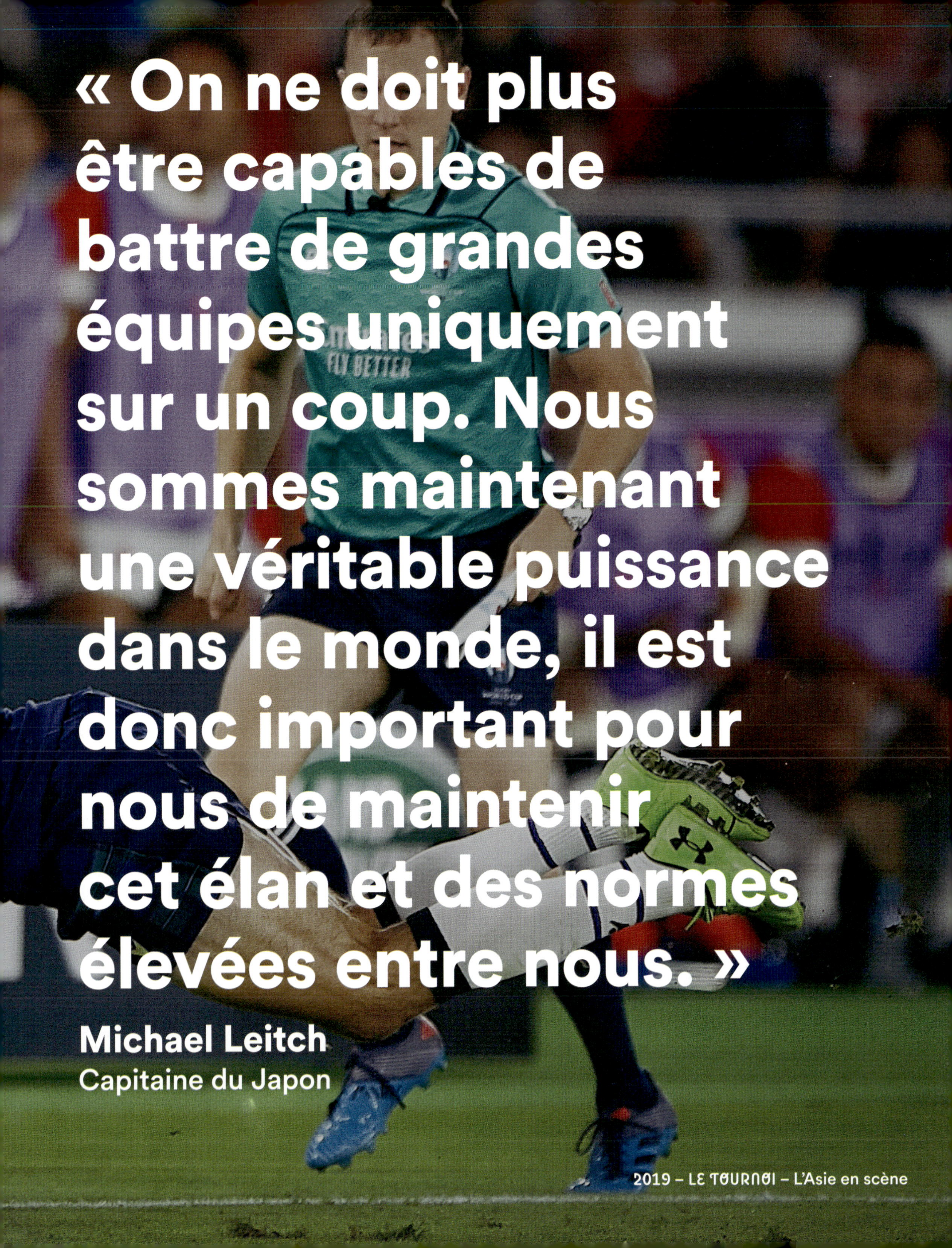

« On ne doit plus être capables de battre de grandes équipes uniquement sur un coup. Nous sommes maintenant une véritable puissance dans le monde, il est donc important pour nous de maintenir cet élan et des normes élevées entre nous. »

Michael Leitch
Capitaine du Japon

RUGBY
WORLD CUP™
JAPAN 日本 2019

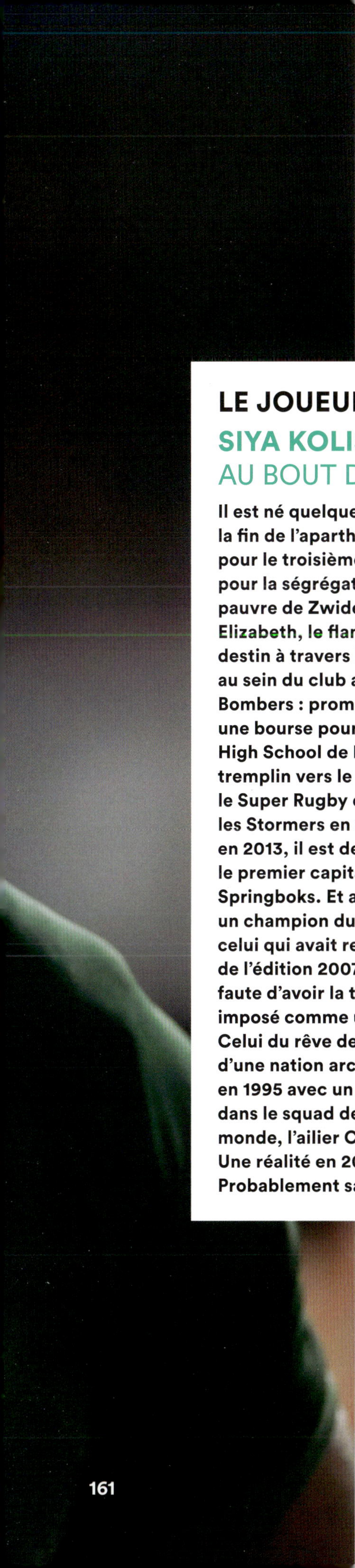

Moriarty (20-19), qui fait aussitôt oublier son carton jaune de la première période. Malgré une résistance louable des Bleus en infériorité numérique, les coéquipiers du deuxième ligne Alun Wyn Jones filent en demi-finale.

Ils y retrouvent l'Afrique du Sud qui se débarrasse à sa main du Japon en quart de finale (3-26) le 20 octobre à Chofu. Le remake du « miracle de Brighton », quatre ans plus tôt, n'a pas lieu. Malgré le soutien d'un public en folie, les Brave Blossoms sont refroidis d'entrée par un essai de l'ailier Makazole Mapimpi (4e) à la sortie d'une mêlée sud-africaine conquérante. Réduits à quatorze après le carton jaune du pilier Tendai Mtawarira (10e), les protégés de Rassie Erasmus subissent les attaques japonaises mais ne rompent pas. Seule une pénalité du demi d'ouverture Yu Tamura (20e) permet aux locaux de rester dans la partie. Mais les Springboks, impassibles et surpuissants, étendent progressivement leur domination au cours du second acte. Deux pénalités de Handré Pollard les voient se détacher au score avant que deux essais du numéro neuf Faf de Klerk (66e) et Mapimpi (70e) scellent définitivement le sort de la rencontre.

Au lendemain de la démonstration anglaise contre la Nouvelle-Zélande en demi-finale (19-7, *lire p. 162*), l'Afrique du Sud et le pays de Galles s'affrontent le 27 octobre à Yokohama. Un match étouffant, au couteau, peu spectaculaire, avec un essai de part et d'autre, l'ailier du XV du Poireau Josh Adams (65e) répliquant au centre sud-africain Damian de Allende (57e), marqué par un score de 16-16 à cinq minutes de la fin. Précisément le moment où Pollard, auteur de 14 points et désigné homme du match, réussit la pénalité de la victoire (16-19). ■

LE JOUEUR

SIYA KOLISI
AU BOUT DU RÊVE

Il est né quelques jours avant la fin de l'apartheid : 16 juin 1991 pour le troisième ligne ; 30 juin 1991 pour la ségrégation raciale. Enfant pauvre de Zwide, township de Port Elizabeth, le flanker a façonné son destin à travers le rugby découvert au sein du club amateur des African Bombers : prometteur, il y a gagné une bourse pour intégrer le Grey High School de Port Elizabeth, tremplin vers le haut niveau et le Super Rugby découvert avec les Stormers en 2012. Capé en 2013, il est devenu en 2018 le premier capitaine noir des Springboks. Et au Japon, en 2019, un champion du monde. Forcément, celui qui avait regardé la finale de l'édition 2007 dans un bar, faute d'avoir la télévision, s'est imposé comme un symbole. Celui du rêve de Nelson Mandela d'une nation arc-en-ciel. Un slogan en 1995 avec un seul joueur noir dans le squad des champions du monde, l'ailier Chester Williams. Une réalité en 2019 avec Siya Kolisi. Probablement sa plus belle victoire.

En 2018, Siya Kolisi est devenu le premier capitaine noir de l'Afrique du Sud.

1

2

LE MATCH

ANGLETERRE-NOUVELLE-ZÉLANDE

QUAND LA ROSE PIQUE

Quoique réputée comme la meilleure équipe du monde, la Nouvelle-Zélande n'est pas invincible. Rarement, cependant, elle a été aussi dominée par une autre nation. Le 26 octobre, à Yokohama, l'Angleterre déroule en demi-finale un plan stratégique parfait, porté par une impressionnante rigueur défensive, pour briser le rêve de triplé de la Nouvelle-Zélande – double championne du monde en titre (2011 et 2015) – et s'imposer (19-7), un score qui ne reflète pas l'ampleur de sa suprématie ce jour-là.

Le XV de la Rose prend les devants d'entrée de jeu par un essai du centre Manu Tuilagi (2e) – l'essai le plus rapide concédé par les joueurs à la fougère en Coupe du Monde de Rugby –, auquel répond le flanker Ardie Savea au milieu de la deuxième période (57e). Mais quatre pénalités du numéro dix George Ford, sanctionnant l'indiscipline des hommes en noir (11 fois sanctionnés), permettent à la formation emmenée par Eddie Jones de faire la course en tête tout au long de la rencontre (10-0 à la mi-temps).

Deux essais anglais du flanker Sam Underhill et du demi de mêlée Ben Youngs, refusés après arbitrage vidéo, auraient pu corser l'addition. L'Angleterre relève admirablement la tête après une série de 15 défaites en 16 matchs contre les Kiwis.

3

Les Anglais, avec l'ailier Anthony Watson (1) et le pilier Dan Cole (2), livrent un match épique. George Ford, Henry Slade, Manu Tuilagi et Ben Youngs (3) sont au septième ciel.

FEUILLE DE MATCH

Demi-finale
Angleterre-Nouvelle-Zélande
19-7
Samedi 26 octobre 2019
International Stadium (Yokohama)

POINTS

Angleterre

1 essai : Manu Tuilagi
1 transformation : Owen Farrell
4 pénalités : George Ford

Nouvelle-Zélande

1 essai : Ardie Savea
1 transformation : Richie Mo'unga

COMPOSITION

Angleterre

15. Elliot Daly, 14. Anthony Watson, 13. Manu Tuilagi, 12. Owen Farrell (c), 11. Jonny May, 10. George Ford, 9. Ben Youngs, 8. Billy Vunipola, 7. Sam Underhill, 6. Tom Curry, 5. Courtney Lawes, 4. Maro Itoje, 3. Kyle Sinckler, 2. Jamie George, 1. Mako Vunipola
Rempl. : 16. Luke Cowan-Dickie, 17. Joe Marler, 18. Dan Cole, 19. George Kruis, 20. Mark Wilson, 21. Willi Heinz, 22. Henry Slade, 23. Jonathan Joseph
Coach : Eddie Jones

Nouvelle-Zélande

15. Beauden Barrett, 14. Sevu Reece, 13. Jack Goodhue, 12. Anton Lienert-Brown, 11. George Bridge, 10. Richie Mo'unga, 9. Aaron Smith, 8. Kieran Read (c), 7. Ardie Savea, 6. Scott Barrett, 5. Sam Whitelock, 4. Brodie Retallick, 3. Nepo Laulala, 2. Codie Taylor, 1. Joe Moody
Rempl. : 16. Dane Coles, 17. Ofa Tu'ungafasi, 18. Angus Ta'avao, 19. Patrick Tuipulotu, 20. Sam Cane, 21. TJ Perenara, 22. Sonny Bill Williams, 23. Jordie Barrett
Coach : Steve Hansen

2019 LA FINALE

Privé de
la demi-finale,
l'ailier Cheslin
Kolbe est de retour
au meilleur moment.

IL AVAIT CRÉÉ la polémique en 1995 en déclarant lors du banquet postfinale que les Sud-Africains auraient gagné également les deux précédentes Coupes du Monde de Rugby s'ils avaient pu y participer. La provocation de Louis Luyt, ancien administrateur de rugby sud-africain, n'était peut-être pas si loin de la vérité. La preuve : au Japon, la nation arc-en-ciel qui participe seulement à sa septième grand-messe planétaire rejoint la Nouvelle-Zélande au palmarès avec un troisième sacre. Troisième finale, troisième succès : aucun autre pays ne peut en dire autant.

Si les Anglais sont prévenus, eux qui ont été battus en finale au Stade de France en 2007 (6-15), ils n'ont rien pu faire dans ce samedi de packs à Yokohama. Arbitré par le Béarnais Jérôme Garcès, premier arbitre français à diriger une finale de l'épreuve, le duel des musclés tourne inexorablement en faveur des Springboks qui se sont annoncés prêts au combat : « Nous allons combattre le feu par le feu », avait prévenu le deuxième ligne Lood de Jager. Très forts sur les bases depuis la reprise en main de l'équipe début 2018 par le sélectionneur Rassie Erasmus, les Vert et Or profitent aussi d'un fait de jeu : la sortie rapide sur blessure de Kyle Sinckler (2e minute), percuté par son deuxième ligne Maro Itoje après avoir tenté de plaquer l'ailier sud-africain Makazole Mapimpi. Le pilier droit est remplacé par Dan Cole, à la peine dans son rôle de clé de voûte de la mêlée britannique.

SUR LE TOIT DU MONDE

Trois victoires en trois finales : l'Afrique du Sud a frappé fort. Elle rejoint la Nouvelle-Zélande au firmament de la galaxie ovale.

Alors, les Springboks insistent et cherchent des pénalités dans ce secteur : trois à la mi-temps pour mener 6-12. Et une quatrième à la 43e (6-15). Une nouvelle démonstration de la légitimité du proverbe chéri des avants : « *No scrum, no win* ». D'ailleurs, à la 50e, les Anglais réduisent l'écart en prenant enfin l'avantage dans ce secteur suite à l'entrée en jeu du pilier Joe Marler à la place de Mako Vunipola : le centre Owen Farrell convertit la pénalité (9-15). Dans un temps fort british, c'est l'esquisse d'un come-back. Seulement, le XV de la Rose ne parvient pas à embrasser véritablement sa chance : sur une pénalité obtenue par le troisième ligne Tom Curry en grattant un ballon, Farrell rate la cible (55e), mais l'ouvreur adverse Handré Pollard, lui, vise juste (9-18 ; 58e). Et si Farrell se reprend (12-18 ; 60e), l'espoir n'a pas le temps d'être ravivé. ▶

FEUILLE DE MATCH

Angleterre-Afrique du Sud
12-32
Samedi 2 novembre 2019
International Stadium
(Yokohama)

POINTS

Angleterre
4 pénalités : Owen Farrell

Afrique du Sud
2 essais : Makazole Mapimpi, Cheslin Kolbe
2 transformations : Handré Pollard
6 pénalités : Handré Pollard

COMPOSITION

Angleterre
15. Elliot Daly, 14. Anthony Watson, 13. Manu Tuilagi, 12. Owen Farrell (c), 11. Jonny May, 10. George Ford, 9. Ben Youngs, 8. Billy Vunipola, 7. Sam Underhill, 6. Tom Curry, 5. Courtney Lawes, 4. Maro Itoje, 3. Kyle Sinckler, 2. Jamie George, 1. Mako Vunipola
Rempl. : 16. Luke Cowan-Dickie, 17. Joe Marler, 18. Dan Cole, 19. George Kruis, 20. Mark Wilson, 21. Ben Spencer, 22. Henry Slade, 23. Jonathan Joseph
Coach : Eddie Jones

Afrique du Sud
15. Willie le Roux, 14. Cheslin Kolbe, 13. Lukhanyo Am, 12. Damian de Allende, 11. Makazole Mapimpi, 10. Handré Pollard, 9. Faf de Klerk, 8. Duane Vermeulen, 7. Pieter-Steph du Toit, 6. Siya Kolisi (c), 5. Lood de Jager, 4. Eben Etzebeth, 3. Frans Malherbe, 2. Bongi Mbonambi, 1. Tendai Mtawarira
Rempl. : 16. Malcolm Marx, 17. Steven Kitshoff, 18. Vincent Koch, 19. RG Snyman, 20. Franco Mostert, 21. Francois Louw, 22. Herschel Jantjies, 23. François Steyn
Coach : Rassie Erasmus

SPRINGBOK

DÉFENSE INTRAITABLE

Après avoir asphyxié les Anglais, les Vert et Or passent la seconde en les attaquant avec audace pour faire définitivement basculer cette finale. Incapables de marquer en 1995 et 2007, ils trouvent enfin la faille avec Mapimpi (66e) à la conclusion d'une action de grande classe : passe du talonneur remplaçant Luke Cowan-Dickie sur un pas pour décaler Mapimpi le long de la ligne de touche, coup de pied à suivre, réception du centre Lukhanyo Am et remise pour l'ailier (12-25).

Au pied du mur, l'Angleterre joue le tout pour le tout, mais se heurte à une défense intraitable. Puis elle laisse échapper le ballon sur un sixième temps de jeu : Am récupère le cadeau, glisse au troisième ligne Pieter-Steph du Toit qui décale Cheslin Kolbe, lequel fait parler sa magie et ses crochets pour mystifier Marler, Farrell et le numéro huit Billy Vunipola avant d'aplatir en terre promise. Forfait en demi-finale en raison d'une blessure à la cheville, l'ailier est revenu à temps pour sceller le destin de cette finale : 12-32 pour une troisième étoile.

Le sélectionneur anglais Eddie Jones, déjà battu en 2003 avec l'Australie contre l'Angleterre (17-20), s'incline : « On a lutté pour entrer dans le match, on n'a pas pu y entrer. C'est un jour où les Sud-Africains étaient trop forts pour nous. L'Afrique du Sud était au-dessus dans tous les domaines. Contre eux, il faut rester dans le combat et attendre les occasions. On a su rester dans le combat pendant cinquante minutes, mais on n'a pas su saisir les occasions. On n'a pas atteint notre objectif d'être la meilleure équipe du monde, on est seulement la deuxième. C'est comme ça qu'il faudra se souvenir de nous. » Et des Springboks comme d'une équipe de légende. ■

Larges vainqueurs des Anglais, les Sud-Africains peuvent laisser éclater leur joie.

CRÉDITS PHOTOGRAPHIQUES

Couverture

Première de couverture : Mark Leech/ OFFSIDE / Presse Sports ; Mike Hewitt/World Rugby via Getty Images. Quatrième de couverture : De Martignac / Presse sports ; Presse sports.

Intérieur

P. 10-11 : Presse Sports ; P. 12 : Billy Stickland/INPHO/ Presse Sports ; P. 14-15 : Billy Stickland/INPHO/Presse Sports ; P. 16-17 : Daniele Resini/Offside/Presse Sports ; P. 18-19 : Presse Sports ; P. 20 : Daniele Resini/Offside/ Presse Sports ; P. 22-23 : Presse Sports ; P. 24 : Billy Stickland/INPHO/Presse Sports ; P. 25-26 : Billy Stickland/INPHO/Presse Sports ; P. 28-29 : Denys Clément/Presse Sports ; P. 30 : Jean-Claude Pichon/ Presse Sports ; P. 32-33 : Pierre Lablatinère/Presse Sports ; P. 34-35 : Alain Landrain/Presse Sports ; P. 36-37 : Denys Clément/Presse Sports ; P. 38-39 : Alain Landrain/Presse Sports ; P. 40 : Jason Little/ INPHO/Presse Sports ; P. 40 : Billy Stickland/INPHO/ Presse Sports ; P. 41 : Denys Clément/Presse Sports ; P. 42 : Denys Clément/Presse Sports ; P. 44-45 : Sport the library/Presse Sports ; P. 46-47 : Didier Fèvre/ Presse Sports ; P. 48 : Billy Stickland/INPHO/Presse Sports ; P. 50-51 : Didier Fèvre/Presse Sports ; P. 52-53 : Didier Fèvre/Presse Sports ; P. 54-55 : Didier Fèvre/ Presse Sports ; P. 56 : Presse Sports ; P. 58 : Denys Clément/Presse Sports ; P. 59 : Ben Ratford/World Rugby via Getty Images ; P. 60 : Mark Leech/Offside/ Presse Sports ; P. 62-63 : Billy Stickland/INPHO/Presse Sports ; P. 64-65 : Jérôme Prévost/Presse Sports ; P. 66 : Denys Clément/Presse Sports ; P. 68-69 : Patrick Boutroux/Presse Sports ; P. 70-71 : Alain Landrain/ Presse Sports ; P. 72-73 : Didier Fèvre/Presse Sports ; P. 74 : Didier Fèvre/Presse Sports ; P. 76 : Mark Leech/ Offside/Presse Sports ; P. 76 : Denys Clément/Presse Sports ; P. 77 : Sport the library/Presse Sports ; P. 78 : Denys Clément/Presse Sports ; P. 80-81 : Mark Leech/ Offside/Presse Sports ; P. 82-83 : Jonathan Wood/ World Rugby via Getty Images ; P. 84 : Nicolas Luttiau/ Presse Sports ; P. 86-87 : Bernard Papon/Presse Sports ; P. 88-89 : Alain de Martignac/Presse Sports ; P. 90 : Bernard Papon/Presse Sports ; P. 91 : Bernard Papon/Presse Sports ; P. 92 : Joe Mann/Offside/Presse Sports ; P. 93 : Joe Mann/Offside/Presse Sports ; P. 94 : Alain de Martignac/Presse Sports ; P. 96-97 : Bernard Papon/Presse Sports ; P. 98-99 : Patrick Boutroux/ Presse Sports ; P. 100 : Richard Martin/Presse Sports ; P. 102-103 : Alain Mounic/Presse Sports ; P. 104-105 : Bernard Papon/Presse Sports ; P. 106-107 : Marc Francotte/Presse Sports ; P. 108 : Pierre Lahalle/Presse Sports ; P. 107 : Patrick Boutroux/Presse Sports ; P. 110 : Pierre Lahalle/Presse Sports ; P. 111 : Patrick Boutroux/ Presse Sports ; P. 112 : Bernard Papon/Presse Sports ; P. 114-115 : Patrick Boutroux/Presse Sports ; P. 116-117 : Bernard Papon/Presse Sports ; P. 118 : Mark Kolbe/ World Rugby via Getty Images ; P. 120-121 : Hannah Petters/World Rugby via Getty Images ; P. 122-123 : Alex Livesey/World Rugby via Getty Images ; P. 124-125 : Bernard Papon/Presse Sports ; P. 126 : Stu Forster/ World Rugby via Getty Images ; P. 128-129 : Alain Mounic/Presse Sports ; P. 130 : Mile Hewitt/World Rugby via Getty Images ; P. 132-133 : Bernard Papon/ Presse Sports ; P. 134-135 : Matt Lewis/World Rugby via Getty Images ; P. 136 : Chris Lee/World Rugby via Getty Images ; P. 138-139 : Matt Lewis/World Rugby via Getty Images ; P. 140-141 : Richard Heathcote/World Rugby via Getty Images ; P. 142 : Richard Heathcote/ World Rugby via Getty Images ; P. 144-145 : Steve Bardens/World Rugby via Getty Images ; P. 146 : Steve Bardens/World Rugby via Getty Images ; P. 148-149 : Richard Heathcote/World Rugby via Getty Images ; P. 150-151 : François Nel/World Rugby via Getty Images ; P. 152 : François Nel/World Rugby via Getty Images ; P. 154-155 : François Nel/World Rugby via Getty Images ; P. 156-157 : Clive Rose/World Rugby via Getty Images ; P. 158-159 : Zoph/AFLO/Presse Sports ; P. 160-161 : François Nel/World Rugby via Getty Images ; P. 162 : François Nel/World Rugby via Getty Images ; P. 162 : David Ramos/World Rugby via Getty Images ; P. 163 : Richard Heathcote/World Rugby via Getty Images ; P. 164 : François Nel/World Rugby via Getty Images ; P. 166-167 : Richard Heathcote/World Rugby via Getty Images.

Imprimé par PPO Graphic en France en juillet 2023
Pour le compte des éditions Hachette Livre (Marabout)
58, rue Jean-Bleuzen 92170 Vanves
Dépôt légal : août 2023
ISBN : 978-2-501-18084-9/01

PAPIER CERTIFIÉ